作文變很大

張惠如 著

謹以此書紀念　張雲龍先生與張李秋桂女士

——我的父親與母親

推薦序1

重建孩子們的語文能力

國立臺北教育大學語文與創作學系教授
兼圖書館館長　孫劍秋

古人重視孩童教育，自小要求詩書文章，滾瓜爛熟。而歷來文人也都擅長寫作，信手拈來就是好題材，將多彩的生活融入燦爛的文學作品中，唐宋八大家以後更認為「文以載道」，是讀書人的職責所在。這樣的景況，讓後代的我們，非常敬佩且嚮往。

今人不同了。捨棄熟讀名家作品，生活又過度繽紛忙碌，想要靜下來寫篇得體的文章，不再是信手可就，甚至視寫作為艱難的任務，總有力不從心的無力感。所謂「腦中思緒萬千，下筆難有一言」，寫點文章卻磕磕絆絆，駁雜紛亂；寫後不僅自己窘迫汗顏，讀者也受盡折磨。這是目前臺灣的普遍現象。

眼前莘莘學子的語文能力逐年下降，錯別字很多，句子也不通，通篇蕪雜堆砌，看不見文章旨意，又冗言贅句頻頻，都是令人憂心的事實。從事寫作教學的老師們，必定感觸最深，也憂心忡忡。

許多有志之士試圖力挽狂瀾，重建孩子們的語文能力，從小學開始，踏實地指導造句、段落、篇章的寫作要領，想要讓孩子們具備穩健的寫作功力。張老師便是長期耕耘兒童寫作的有心人。

張老師長時間在中小學體系專職寫作教學，身在第一線與孩子們近距離接觸，的確對國內中小學生的語文水平下降非常有感，因此，著作這本書籍，期待在提升孩子的寫作能力上，盡一份心力。

這本書集結多篇中小學生作品，擇優適時地輔以講評、提點、論述，平實易讀好上手，相信對學子們大有助益。本人有幸先睹此一佳作，深感欣慰，乃為作序，並予推薦。

中華民國一一〇年五月一日

推薦序2

培養有閱讀素養的快樂兒童

臺北市私立龍華幼兒園園長　洪雅玲

做為一名幼兒學前教育工作的園丁，我已經在這塊園地默默耕耘數十年了，春去秋來，我看著無數孩子快樂的成長，就像幼苗茁壯成大樹，我始終信服：教育的目的是培養人格。一名成材出色的孩子，一定有著健康理性、成熟智慧的人生大道。

西方哲學家蘇格拉底曾經說過，「教育不是灌滿一個容器，而是點燃一把火炬。」所以我總是要求園內的老師們，尊重孩子，以遊戲為本，學習本身是快樂的，我們啟發孩子，把他們當種子灌溉、當火苗點燃，千萬不能當成容器，拚命填塞。

惠如長期在園內擔任作文老師，孩子們都很喜歡她，暱稱她為「西瓜老師」。她的作文課不是單一的寫寫寫、背背背、讀讀讀，讓孩子們當「講光抄」而已，有時說說成語典故、有時比賽猜猜謎語、有時又欣賞朗誦美好文章，孩子們輪番上臺發表想法……課程活潑有趣。像這樣把文學素養融入於生活中，語言溝通、閱讀文學、語詞修辭、寫作練習……聽、說、讀、寫，全方位的擴充延展，我相信最終將培養出有閱讀素養、又充滿想像力的孩子。

西瓜老師即將出版第二本作文書，我欣然為她寫序，期許未來能啟發更多孩子們學習語文的熱誠。

推薦序3

關於學作文這件事，他們說……

家長的話

辛悅倫．退役海軍少將：

教育是國家發展大計，語文教育更是重中之重，書中許多孩子們的燦爛文采，讓我看到文化傳承的希望，願大家一起來呵護與欣賞。

張裕安．大地儀器公司總經理：

我讀小學時若能看到這本書，寫作能力就不只今天這樣了。我不只要買一本，我的員工每人都該有一本，有孩子的給孩子看，沒孩子的自己看，徹底改善表達能力。

李彩霞．臺大醫院研究助理：

這本書用簡單的話說深奧的技巧，是一本真正好用的工具書，有寫作恐懼症的人都適用。

林奇峰．三重喜信會牧師：

書內對寫作上的實戰經驗和精闢分析，可以幫助大家根據一個主題，寫出一篇含有起承轉合的美好文章來。這本作文工具書，建議大家閒暇時翻一翻，增加自己在寫作上的一點品味。

潘宜君．新北市永和國小課程研發組長：

彷彿活潑的上課方式，帶領孩子們進入閱讀寫作的快樂天堂。

楊妙矜．新光醫院皮膚科護理長：

張老師的解說深入淺出，讓孩子的思緒更加清晰，寫出來的文章有亮點。

陳怡如·日盛植牙診所主治醫師：

經過張老師的啟發，無論是天馬行空的想像，抑或是真摯細膩的情感，起、承、轉、合中，孩子都能化為生動的文字，躍然紙上。

鄭麗華·私立龍華文理補習班主任：

新課綱十分重視閱讀素養，語文能力將會是決勝點之一。這本書條列許多可觀作品，的確值得孩子們好好閱讀參考。

李明樹·中華電信公司工程師：

問我家妹妹為何喜歡上西瓜老師的作文課？妹妹馬上脫口而出，「因為上課很有趣啊！」我相信小孩的直覺反應是最真實的感受。這就是西瓜老師的深厚功力，能用生動活潑漸進式的方式，引導孩子練習各種寫作技巧，而非死板板的填鴨式教學方式。

能成為西瓜老師的學生何其幸運！謝謝她出書傾囊相授，造福培育更多無法到場上課的孩子們，希望更多孩子們透過這本書認識西瓜老師。

許雅婷・格爾登幼兒園教師：

張老師會細膩解釋寫作技巧，可以從孩子的寫作字句中，發現他進步了，能將想法描述清楚，作文更有完整性。

陳敏惠・日語導遊：

學校從小學三年級開始寫作文，我家弟弟每逢寫作就很傷腦筋，經過志工媽媽口碑推薦，在西瓜老師的調教下，文思泉湧，幾堂課下來，他居然告訴我寫作文其實沒有那麼難呀！老師不急著要孩子每次寫完一篇作文，反而在寫作前，先引導、鋪陳、仿寫再進入主題，不給壓力，成功地讓孩子愛上作文課！

江品儀・珠寶設計師：

不喜歡寫作的哥哥，上了作文課後，竟然是用滑溜梯來形容吃麵條時的口感；粗枝大葉的弟弟，竟然能用文字生動細膩的描述與奶奶在一起的點點滴滴。作文課凍住了他們的童年，讓兄弟倆時常在記憶裡捉迷藏。

學生的話

高銘陽・臺北市立建國高中：

思緒往往比寫字或打字的速度快很多，有時候會沒辦法冷靜考慮。寫作讓我們安靜下來，好好把事情想通。張老師教會我這點：寫什麼的當下，會更了解事情深層的意義，更能夠成長。

曾莨升・臺北市立中正高中：

對我來說，寫作是一種工具，既能抒發情感也能理性表達，跟老師學作文後，我的用字用語不再模糊，更能清楚的表達心中所想。

胡芯維・私立薇閣中學：

文學，亙古以來便是打動人心的無形力量。張老師用生動活潑的方式授課，使我的作文錦心繡口，能寫「真景物」，「真感情」，漸漸能打動人心。

林芷妘．康寧大學數位影視動畫科：

原本對語文一竅不通的女孩，在上了作文班後，漸漸的對寫作有了興趣，不再放棄語文，面對考試也不害怕，連寫劇本時也如魚得水了。

連翊涵．世新大學中文系：

經過那些年的作文課程，開啟我對寫作的興趣，也學習了許多語文知識，實在非常感謝老師。

張凱翔．國立海洋大學河海工程系：

上老師的作文課，生動有趣，尤其是在講解成語故事和錯別字時更是令人期待，連旁聽的媽媽們也聽得津津有味，笑得合不攏嘴！

李品樺．國立彰化師範大學會計研究所：

原本對作文很排斥，每每拿起筆就愁眉苦臉，但越寫越有興趣，老師的作文班不僅是快樂的時光，也是我在大考中國文科目的助力。

劉迪玥．國立臺灣師範大學華語文教學系碩士班：

原本作文對我來說是頭痛的事情，但是經過張老師的教導，啟發我各方面的聯想能力，不僅不再害怕寫作，每週最期待的就是作文課，期待和小夥伴們一起徜徉在文學之中。

呂珞瑜．國立臺北教育大學語文與創作學系碩士班：

老師上一本作文書，我是邊笑邊看完的，好像跌入時空隧道，重溫上作文課的景象；這一本新書，想必更不會讓我失望，學弟妹們，加油了，期待你們的好作品。

陳邦尹·絡達科技公司工程師：

老師引導學生寫作前先觀察與構思，激發學生的創意，靈活思考重於撰寫，適用學習各個層面，即使已離開校門、踏入社會工作，至今仍受用無窮。很高興又有新的工具書，感謝老師願把作品整理分享。

前言

這本書，如何使用？

「作文『變很大』」，跟大小沒有關係，重點在於「變」。

看過美國漫威電影「綠巨人浩克」嗎？布魯斯原本是性情溫和的科學家，一旦受刺激就會變身為綠巨人浩克，身如山高，擁有無窮的力量。因為他在實驗過程中不慎照射了放射物質造成突變。

寫作的過程有點類似這樣，經過某些技巧的點化，作文「變身」了！也像綠巨人浩克一樣，寫出來的文章變得無比有力。

這些「變身」的技巧，正是這本書所要告訴大家的。針對一些常常遇到的作文類型：圍繞在人物、事情、物品、景點、道理等等題目打轉的，**如何描寫人物？記錄事情？描述物品？觀察景點？評斷道理？**為了讓大家易學易懂，每篇都列舉好多小朋友們的作文當成例子，應該注意的寫作重點就以加粗字體標明。這些大量變身前、跟變身後的寫作範例，希望對你有用。

一般教寫作的書，要嘛通通說技巧，要嘛全部是作文範例，我把二者結合，再說明文章應該怎麼改才會好看，全部放在「好技巧說明區」裡。若遇到難寫的題型時，建議翻一翻，或許能帶來不錯的靈感。

技巧雖好，卻需要練習，就像寶礦要經打磨才會變身鑽石，所以本書在「好技巧說明區」後加了「好功夫磨練區」，針對修辭技巧實地做練習，熟練一下身手，才懂得如何運用在文章裡。

最後是「好作品觀摩區」——這一區，全是寶咧！各類型充滿文采的好文章，來自國中、國小學生的優秀作品，值得欣賞與參考。書法習字，入門時都是從臨摹高人的字帖開始的；詩聖杜甫也曾說過，「讀書破萬卷，下筆如有神」。透過閱讀、觀摩別人的佳作，才能一步一步修正自己的作品。不是還有句話說，「好的模仿就是一種創作」？邊欣賞、邊學習，歡迎你來這一區挖寶尋寶喔！

寫作技巧千變萬化，當然不只書上說的這些，但所謂「一招半式闖江湖」，有了這本書充當入門招式，希望能讓你不再懼怕作文，具備寫作的基本功了，隨時準備作文變很大吧。

好技巧說明區 一

人物描寫

變身篇

在所有寫作題材中，人物的描寫，是最簡單的，也是最困難的。看起來好像自相矛盾，其實正點出了人的複雜與豐富，有看得見、跟看不見的，通通是刻畫的素材。

看得見的東西，表露在外，大家都清清楚楚，包括一個人的長相特徵、穿著打扮、習慣性的動作、說話時的神情、經常有的舉止……透過眼睛觀察得到，花點心思，就能描繪得八九不離十，所以簡單。

獨特的脾氣個性、內心的思想、深藏的怪癖、與眾不同的看法……這些隱藏起來摸不著、聞不到、看不見的東西，通通不會「寫」在臉上讓人輕易發現，最難描寫，而這正是讓文章生動的地方。

所以，以人爲主體的文章要寫得好，隱形在內的內心情感必須呼之欲出，不僅僅是外在描摹得「像」就夠了，否則跟拍照片有啥兩樣？

寫「真」、寫「實」，還要寫「意」——讓濃濃的情意打動讀者的心，產生了共鳴，如同筆下所刻畫的人物真的從紙上走出來一樣，不僅動作像、聲音表情像、連性格脾氣都像，這便成功了。

如何做到呢？請套用這帖配方：**摹寫法＋示現法＋具體事件描述＝鮮明生動的人物描寫**，看得見的部分用摹寫法，看不見的則用示現法和事件包裝起來。

◎讓摹寫法來具體描述

每個人的長相都不相同，即使是雙胞胎，也不可能面貌舉止全部複製貼上重現。這時，便要靠感官知覺的細膩觀察，把外表特徵盡量的顯現出來：眼睛是大還是小？細長或是橢圓？臉型長或寬？身材胖或瘦？大嘴闊唇或櫻桃小口？說話時有沒有特別的手勢？

視覺上的近距離觀察、聽覺上的聲線感受、嗅覺上的獨特味道、觸覺上的觸摸手感——所有感官知覺交叉使用，透過顏色、形狀、氣味、色澤、聲音等等形容，這樣描寫出來的人物，絕對夠立體，才會有穿透力。

大家都愛追星，尤其是「韓流」入侵，許多小朋友都會在作文裡寫到自己最崇拜哪位韓國偶像，形容詞不外乎是這樣的：「簡直帥到爆了」、「太酷了」、「太好看了」、「美極了」……怎麼帥怎麼美怎麼酷？說不出所以然來。這時用上摹寫法具體描述，效果差很大喔：

他有黝黑光亮的小麥色肌膚，一雙整齊清潔的耳朵，還有一對濃密的劍眉，炯炯有神的眼睛，挺拔立體的鼻形，這個帥氣的人，就是韓國歌手，也是我最喜愛的明星，因為他唱歌很好聽，每次都能深深打動我的心。（蔡秉翰．臺北市大龍國小）

從膚色、眼睛、耳朵、眉型、鼻形通通不放過，一個大帥哥在筆下出現了。

介紹自己親人時，更需要仔細的摹寫，形象才會立體生動：

一頭像刺蝟的短髮，胖嘟嘟的臉，帶著親切的笑容，和一個大大的鮪魚肚，他是誰呢？他就是我的爸爸。（廖柏鈞．新北市民安國小）

一顆照著太陽會反光的禿頭，就像一盞散發光芒的燈，一雙會說話的眼睛，笑起來十分迷人，他就是我與眾不同的爸爸。（黃柏銓．臺北市大橋國小）

有時候，視覺不夠用，還要靈敏的張開嗅覺的感受，「聞」到親人特殊的專屬味道：

桃園阿公，他有一副灰色的眼鏡，灰白色的頭髮，淡黃色的牙齒，一個小小的啤酒肚，和一股特別的汗味，雖然長得不是很帥氣，但在我心目中，他是最慈祥的親人。（吳若帆・臺北市雙蓮國小）

用在特別的人物描寫時，摹寫法更能夠彰顯出特色來。在路上看到奇怪的人時，有人寫道：

昨天跟媽媽逛街時，我看到一個很恐怖的人，感覺很害怕。

怎樣「恐怖」法？三隻眼睛四條腿？還是拿著危險的武器呢？這樣的描寫不行呀，太草率了，把摹寫法加進來幫幫忙吧：

奇怪的男人

吳承洋・臺北市雙蓮國小

逛街時，我看到一個奇怪的男人，他的眼睛一大一小，一隻像老鼠一樣大、一隻像羽毛一樣小。鼻子怪怪的，上面凹進去，下面凸出來，呼吸時發出「咻咻簌簌」的喘氣聲。鼻子下面長滿了短而密的鬍子，嘴巴扁而寬，牙齒只露出一點點的黃牙，頭髮亂七八糟，簡直可以當鳥巢了。這樣的長相，當場讓我嚇一大跳！

哇塞！視覺、聽覺，和顏色摹寫齊齊發威，這樣形容出來的，才叫眞正的「恐怖」，活生生一個怪物！

可怕的陌生人

張惇涵・臺北市雙蓮國小

有一天，我走在路上，遇到一個可怕的人。他有著像吸血鬼般的虎牙，和一隻坑坑疤疤的鷹勾鼻，咄咄逼人的邪惡目光、留著又黑又髒的山羊鬍、頭髮就像亂七八糟的雜毛，這樣的人朝我走過來，讓我十分害怕。

這位先生一直在街上走來走去，還好爸媽跟老師有教過我，遇到陌生人，要遠遠的避開。

最後他終於離開了，這真是一次恐怖又難忘的經驗。

多麼厲害的觀察力，把「可怕」的容貌放大了好幾倍！這就是摹寫法的穿透力，也是人物描寫時的最佳利器。

◎能穿越時空的示現法

唐朝詩人王維，十七歲時離開家鄉，一個人獨自前往京城考試，在異地遇上了重陽佳節，想起故鄉的兄弟手足，思念的情緒如波濤洶湧，寫下千古名句：

獨在異鄉為異客，

每逢佳節倍思親。

遙知兄弟登高處，

遍插茱萸少一人。〈九月九日憶山東兄弟〉

意思是說，我一個人孤獨在異鄉，遇到節日便特別想念親人。今天是重陽節，我知道家裡的兄弟們都要去登山插茱萸，卻獨獨少了我一人啊！問題來了：古代又沒有手機、電話、臉書，消息傳遞很不容易，家書抵萬金，王維怎麼知道兄弟們「鐵定」會在這一天去登山插茱萸呢？不是王維會卜卦算命，能未卜先知，請注意「遙知」這兩字，就是我「遠遠的想像著……」，靠著王維單方面的想像力，他的兄弟落下他去登高了，害得他在異地獨自傷懷。千年以來他的兄弟們想喊冤辯白「我們沒去！」也沒辦法洗白。

像這樣**能夠穿越時空，把不是發生在眼前、或根本未發生過的事，透過回憶或想像，寫得活靈活現跟真的一樣，這種如在面前的寫作技巧，就叫「示現法」**。人稱「詩佛」的王維，在這首詩裡正是以這種技巧，坐實了親兄弟去登高爬山的想像。

以人物為寫作題材時，不管對象是認識或不認識的；熟悉或不熟悉的，曾經的接觸、過往的相處、未來的想望，這些點點滴滴串聯起和人物之間的連結，要把動人的故事搬演出來，就需要搭上時空機穿梭自如，靠的正是**「示現法」**。

按照時間點來劃分，**「示現法」分為追述示現、預言示現、懸想示現三種。過去曾發生過的事，放到眼前來追憶，就是追述。尚未發生的，屬於預言；跟過去現在無關，純屬自己想像的情節，就是懸想。**

實際以文章來舉例：好比感謝媽媽的題材，紙筆寫出再多的謝意，不如把她曾經爲子女做過的事描寫出來，會更加動人：

媽媽的愛

許紜慈．臺北市修德國小

即使是假日，媽媽也一大早就起床做早餐，她發現我不開心，問我怎麼了？我說因為我有一些考卷題目不會，這時媽媽放下手邊所有的工作來教我，我既感動又有點愧疚。

寫完考卷，媽媽說我可以出去玩，她要繼續忙碌。我看著她的身影，感覺滿足而安心。在回家的路上，不小心絆到石頭，我拐著腳走回家。媽媽知道後馬上幫我擦藥，並且溫柔地安慰我，我的心暖暖的。

傍晚，全家都回來了，媽媽又開始忙著煮晚餐，讓全家人吃到健康又美味的菜，我覺得媽媽很辛苦。真希望可以幫忙做些事來減輕她的負擔。

母親的愛，讓我覺得像廣闊的大海看不到邊際，她含辛茹苦的照顧著我，我一定要跟媽媽說：「謝謝您！」

媽媽做早餐、教功課、溫柔擦藥等等動作，都是已經發生的「過去式」，透過追述示現，再把過去的場景拉回到眼前來，就像電影畫面一樣鮮明。

謝謝媽媽

孫柏汶．新北市永和國小

媽媽生病時，我和哥哥在廚房幫媽媽做簡單的飯菜，她本來想自己起床吃，可是哥哥和我看她那麼不舒服，就把小桌子抬到床前，然後再把湯菜端過去，方便媽媽吃。這時，媽媽頓住了，眼淚一滴一滴的流下來。此時此刻的我很震撼，這副表情我永遠忘不了。媽媽是因為生病太難受而流淚嗎？不是，她說是因為我和哥哥的貼心而感動。但是我們生病時，媽媽不也是如此照顧著我們？媽媽您那時又有多麼辛苦！

媽媽每天都騎著腳踏車接我放學，一路上說說笑笑，常常問我今天在學校做了什麼事？回家後，我一面吃著她為我準備的美味點心，一面跟媽媽報告學校趣事，這是一天中最輕鬆的時刻了，我很享受跟媽媽相處的這段美好時光。

媽媽請快點好起來吧，我期待您再騎著車來接我，期待每天的點心約會，期待著您那雙美麗的手煮出來的美味飯菜，等您好起來了，我們再一起散步聊天，一起談天說地。媽媽，我謝謝您的包容，讓我變得堅強；感謝您的教養，讓我變得自立；我祝您長命百歲，健康到老！

第一、二段描述媽媽生病了，伺候媽媽吃飯、吃媽媽準備的點心，都是已經發生的事，屬於追述示現；結尾期待媽媽快點好起來再一起散步聊天，是未來有可能發生的願景，屬預言示現；希望媽媽長命百歲，是最美好的想像，就是懸想示現了。

三種示現技巧中，**懸想示現法**是一支超越現實的魔法棒，若能善用它，幾乎沒有實現不了的願望、到達不了的地方。只要是心中所想的，不管存不存在、可不可能，只要描述得夠具體生動、夠細膩逼眞，就會傳達出豐富的情感世界。通常**把它放在結尾作為對未來的期許**，力量很大喔！

舉個有名的例子：丹麥作家《安徒生童話故事》裡，不是有篇〈賣火柴的小女孩〉嗎？可憐的小女孩在大年夜飢寒交迫的凍死了。臨死前，點燃了五次火柴來取暖，每次在劃開的微弱火光中，出現的幻影包括聖誕樹、聖誕大餐、已逝的親切祖母等，這些一次又一次的美麗幻覺，就是懸想示現法的運用。幻想世界越溫暖，對照現實世界就越殘酷，穿梭在夢幻與現實之間，正是懸想示現法的魔力。

細心的孩子應該發現了吧？**示現法的運用，通常都伴隨著「事件」的陳述——最少舉一件，最能夠代表這個人個性風格的事情，能凸顯出彼此之間共處過的親密與連結的事。**

在以同學或朋友爲對象的人物寫作中，大家往往記得摹寫同學的長相，卻常常忘記提彼此共同經歷的事件，這樣寫出來的作文，好像少了什麼：

我有一個很要好的朋友，他坐在我的隔壁，我們感情非常好，下課也在一起玩，我很幸運有這樣一位好朋友。

要好？多要好？什麼樣的程度算「好」？一起玩？玩什麼呢？玩躲貓貓還是鬼抓人？過程中有特別的趣事嗎？這麼模糊的描寫，實在太空泛了，感受不到友情的張力。

現在把示現法放進文章裡，寫出彼此之間曾經共享過的事件點滴：

「丸子」情

邵品宣．新北市永和國中

她聰明外向，爽朗親切；她善解人意，做事認真；她不但人見人愛，更是班上的開心果。因為她臉圓圓的，像一顆剛揉好的丸子，所以大家都叫她「丸子」，也是我最好的朋友。

丸子是個書蟲，只要談起書，就如數家珍般的說個沒完。下課時，我們經常一起談天說地，她淵博的知識總讓我佩服不已。別看她是個書蟲，跑步的速度卻像獵豹般快速，讓我完全追不上，她跑步時，總是多跑好幾圈把大家倒追回去，經常邊跑邊輕鬆的說：「你們慢慢來喔！」氣得男生們直跳腳。每次男生想報仇時，總因為丸子腳程太快、又反應靈敏，讓那些臭男生們無功而返，她實在是女中豪傑啊！

記得有一次假日，丸子邀請我一起去小人國玩，結果我們只顧著玩，竟忘了和家人約好的地點，我們穿梭在人群中，她帶領著我，不停地尋找，既刺激又像是在冒險，有她陪在我身邊，我一點也不感到害怕，這是屬於我和丸子最特別的回憶了。

林肯說過：「人生最美好的東西，就是友誼。」我很高興能認識丸子，結為好朋友，我會好好珍惜這段珍貴的「丸子」情誼。

用示現法追述曾經一起談天、一起跑步、一起走丟的經驗，有過這樣共同相處的情景，才能把彼此友情烘托出來。

◎寫人也寫愛，最深情的寫法

朱自清，是民國初年著名的散文家，寫過一篇描寫父愛的文章：〈背影〉，通篇從頭到尾沒有一個「愛」字，卻把父親對孩子滿腔的愛，形容得淋漓盡致，堪稱經典中的經典。裡面最重要的一件事，就是「買橘子」──他描述自己坐火車離家，爲怕他路上渴餓，矮矮胖胖的父親送他上車後，在月臺上笨拙的爬上爬下，爲他費力去買橘子的蹣跚背影，令他久久不能忘懷，也讓萬千讀者感受到一個父親對子女的慈愛和關懷。

只是一件買橘子的小事，就引起這麼大的共鳴，可見透過細膩的事件摹寫，人物的言行舉止躍然紙上，彷彿從文字裡走出來，印象眞的太深刻了！最後結尾再運用了懸想示現法：「在晶瑩的淚光中，又看見那肥胖的，青布棉袍，黑布馬褂的背影。唉！我不知何時再能與他相見！」看不見、卻好似再相見，實際卻不能再見，感動了多少讀者的心啊。

來模仿一下這深情的寫法吧：

我最懷念的人

張惇涵．臺北市雙蓮國小

「惇涵啊……」，我耳邊彷彿又聽到爺爺慈祥的呼喚聲，這是我最懷念的聲音。以前小時候，爺爺都會帶我到民權捷運站散步，在那裡散步時輕鬆又自在，散步完，爺爺會帶我去買甜甜圈，「真好吃！」這甜甜的滋味，就是爺爺對我的愛。

爺爺長得不高，不胖也不瘦，臉皺皺的，他年輕時當義警，行動力很驚人，他得到一個「獵豹」勳章，讓我佩服得五體投地，他是我最好的模範。他的英勇事蹟被記錄在祖譜裡，後代子孫都會記得他。

生龍活虎的爺爺，卻因為失智，漸漸的老化，他坐上了輪椅，失去了行動力，他也不記得我了，更不記得他以前做過的事。「爺爺，你快點好起來，再帶我到捷運站散步……」我在心裡想對爺爺大聲的說：我永遠都記得您對我的好，如果時光可以倒流，我願意牽著您的手，再一起去散步，這次換我買甜甜圈給您吃。

以上這篇示範作，哪些地方運用了示現法？哪些形容是摹寫句呢？哪裡又有事件描寫呢？請把它們一一找出來並畫線標示清楚喔！

好功夫磨練區——變身高手練功房

「要想成功，必先練功」——跟著題目練習一遍，趕快開啟變身模式吧！

《視覺摹寫篇》：把各種事物的色彩、大小、形狀，透過眼睛敏銳的觀察，再用生動的語彙描述、摹擬出來，使讀者獲得視覺上鮮明的享受。

下列的句子都不精采，請運用視覺摹寫法幫它們加上彩衣吧：

例如：

春天的公園花很多。

答：春天的公園百花盛開，有紅的、黃的、紫的、粉色的，一片花團錦簇，美麗極了。

一、媽媽今天打扮得很好看。

答：

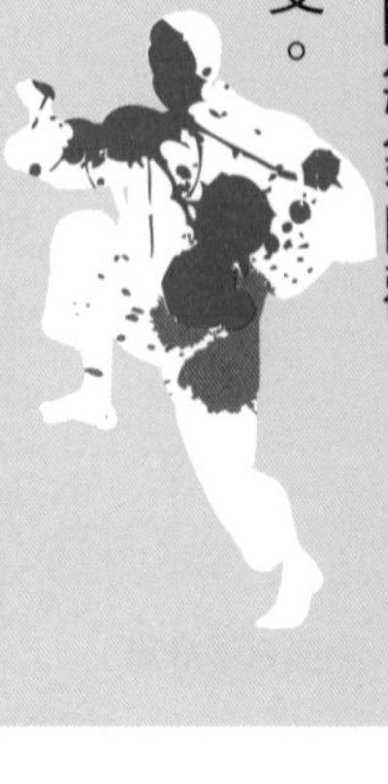

二、大飯店的自助餐菜式很多。

答：

三、去看跨年夜的煙火秀。

答：

四、山上的風景很好。

答：

五、校慶的園遊會很熱鬧。

答：

好功夫磨練區——變身高手練功房

「要想成功，必先練功」——跟著題目練習一遍，趕快開啟變身模式吧！

《聽覺摹寫篇》：耳朵當接收器，把聽到的萬事萬物的聲音真實且生動地模擬出來，讓人有身歷其境的感受。經常用到「狀聲詞」，例如小狗「汪汪叫」、小羊「咩咩叫」等。

下列的句子都不精采，請運用聽覺摹寫法幫它們加上聲音吧：

例如：

夏天到了，我聽到樹上有蟬。

答：夏天到了，我聽到樹上傳來「唧！唧！唧！」的蟬叫聲，高高低低，熱鬧極了。

一、昨天晚上雨下得很大。

答：……………………

二、下課了，大家心都飛出去了。

答：

三、我的肚子餓了。

答：

四、馬路上好吵。

答：

五、菜市場有此起彼落的叫賣聲。

答：

好功夫磨練區——變身高手練功房

「要想成功，必先練功」——跟著題目練習一遍，趕快開啟變身模式吧！

《嗅覺摹寫篇》：透過鼻子聞到的味道，把特殊的氣味靈敏又逼真的摹寫出來，激發讀者的聯想力，彷彿也聞到了，就是「嗅覺摹寫法」。

下列的句子都不精采，請運用嗅覺摹寫法幫它們加上氣味吧：

例如：

爺爺喜歡抽菸。

答：爺爺喜歡抽菸，身上有特殊的菸草味，怪怪的臭味，讓我呼吸都不順暢了。

一、爸爸跑步很久，流好多汗。

答：

二、牛排聞起來很香。

答：

三、我討厭吃藥。

答：

四、夜市裡的攤販很多。

答：

五、媽媽喜歡逛美妝店，每次都逛好久。

答：

好功夫磨練區——變身高手練功房

「要想成功，必先練功」——跟著題目練習一遍，趕快開啟變身模式吧！

《觸覺摹寫篇》：透過雙手跟肌膚的接觸，把感受清楚又寫實地用文字表現出來。

下列的句子都不精采，請運用觸覺摹寫法幫它們加上感覺吧：

例如：

突然吹來一陣冷風。

答：突然吹來一陣冷風，我起了雞皮疙瘩，冷風灌進我的脖子裡，我抖得都快站不住了。

一、這杯珍珠奶茶加了好多冰塊，喝起來好爽。

答：

二、天氣太熱流好多汗。

答：

三、阿嬤的手摸起來很老。

答：

四、這件衣服手感很好。

答：

五、剛出爐的包子好燙。

答：

好功夫磨練區——變身高手練功房

「要想成功，必先練功」——跟著題目練習一遍，趕快開啟變身模式吧！

《味覺摹寫篇》：舌尖上的滋味，用嘴巴品嘗出來，酸、甜、苦、辣、鹹，清淡或濃烈，用適當的語詞描繪出各式各樣的味道。

下列的句子都不精采，請運用味覺摹寫法幫它們加上滋味吧：

例如：

紅燒牛肉麵吃起來好過癮。

答：紅燒牛肉麵加了紅紅的辣椒，香噴噴，火辣辣，我的舌頭都快冒火了，真過癮！

一、感冒藥苦死了，我不喜歡吃。

答：

二、這包油炸鹹酥雞真夠味。

答：

三、外婆親手包的水餃最好吃。

答：

四、熱熱的玉米濃湯真好喝。

答：

五、我最愛吃冰淇淋了。

答：

重點小叮嚀

描繪人物必備三要件：

摹寫法＋示現法＋具體事件描述

好技巧說明區 二

事情記錄

變身篇

每天早上一睜開眼睛，周遭發生的大小事情、遇到的各種各樣的人、看見的五花八門的景物，串連起我們的生活。

不管是有趣的、幸運的、難過的、慘痛的、快樂的、激動的、不幸的……各式喜怒哀樂的情緒伴隨著我們，交織成了人生。

想不想把這些日常生活的人、事、景、物用文字複製下來收藏？記錄並且描述其中發生過的精采過程，讓讀者有身歷其境般的享受？這種**以記錄事件為主，把起因、發生、經過與結果描述清楚，透過事件來表達見解與感受的文章，就叫「記敘文」**。

記敘文通常是寫作的好題材，因爲範圍實在太廣泛了！舉凡人、事、景、物都能入題。小朋友們在學校裡常會碰到像下列這樣的作文題目：一件特別的事、一場精采的比賽、我最喜歡的一個人、影響我最深的一句話、最有趣的一堂課、我的好朋友、一則新聞的啓示、暑假生活記趣、難忘的校外教學、值日生的一天……包羅萬象，都屬於記敘文體。

記敘文看似好寫，不像論說文要長篇大論列舉證據、也不必似抒情文要抒發感情打動人心，只要把文章寫得條理清楚，明白流暢，交代好事情的前因後果，大致就八九不離十了。但若是文章過於四平八穩，從頭記錄到腳，好像一本帳簿幾毛幾塊錢都仔仔細細記下來，這樣不是叫人看了直打瞌睡，提不起興趣來嗎？

最簡單的招式往往蘊含最厲害的段數，現在就來教一招能讓人眼睛發亮的敘事寫作祕訣：**倒敘法＋誇飾句＋對話法＝最佳事件記錄。**

◎文章顛倒寫？

記敘文的寫作方式，分成好幾種，其中比較常見的，有順敘法、倒敘法、插敘法、補敘法四種。顧名思義，「順」與「倒」，都與敘述先後順序有關；「插」與「補」，則和添加內容素材相關。

所謂事情總有前因後果，要講述事件經過，一定要有時間的安排觀念，哪個先發生？哪個後出現？寫作時把先發生的事情寫在前頭，按照先後順序記錄事情始末的方式，就叫「順敘法」，也是寫記敘文時最常用到的技巧。

但是，讓我們來打亂時間差吧。**先發生的後寫、後發生的先寫，也就**

是把事件的結局與感想先擺在第一段、或是先寫事件發展過程中最特別的片段，接著再把事件發生的經過按時間順序描寫出來，頭變成腳，腳變成頭了，是不是很懸疑？**這就是「倒敘法」**了。

比起平順的敘述方式，顛倒著寫，一開頭先寫出事件的結局感想、或過程中的精采畫面，更能增加戲劇效果，在讀者的腦海裡造成懸念，會想快點看下去找答案，搞清楚事情的來龍去脈呢！

你曾經忘記帶功課或作業嗎？這是每個學生的夢魘，一旦發生了，驚嚇程度肯定破表。若把這個過程寫下來，按照「順敘」的寫法，會是這樣的：

難忘的經驗

吳睿峰・臺北市大橋國小

有一天，補習班的數學老師，交代大家要帶數學作業給他檢查，隔天來到數學教室的時候，才發現忘記帶數學作業了。

我驚慌得不得了，心情十分的緊張，雙手不由自主的冒出溼溼的冷汗，心跳越來越快，腳不聽使喚的顫抖個不停，**怎麼辦呢？怎麼辦呢？我**

怎麼會忘記帶數學作業呢？數學老師會不會罵我呢？

最後我垂頭喪氣，選擇誠實的告訴老師，結果老師不但沒有罵我，也沒有處罰我，讓我補交就好。心中千斤重的大石頭頓時放了下來。這一次難忘的經驗，讓我學到了上下課都要檢查書包的東西是否齊全了再出門。

文章的描述順序是：到補習班後發現作業沒帶→驚慌恐懼→天人交戰→誠實交代→平安過關→從經驗中記取教訓。

現在來個大變身，讓「倒敘法」上場！

難忘的經驗

吳睿峰．臺北市大橋國小

怎麼辦呢？怎麼辦呢？我怎麼會忘記帶數學作業呢？我驚慌得不得了，心跳越來越快，這真是我最難忘的一次經驗啊！

有一天，補習班的數學老師，交代我們要帶數學作業給他檢查，隔天來到數學教室的時候，我才發現忘記帶數學作業了。

此時的我，心情十分的緊張，雙手不由自主的冒出溼溼的冷汗，腳不聽使喚的顫抖個不停，數學老師會不會罵我呢？

最後我垂頭喪氣，選擇誠實的告訴老師，結果老師不但沒有罵我，也沒有處罰我，讓我補交就好。心中千斤重的大石頭頓時放了下來。這一次難忘的可怕經驗，讓我學到了上下課都要檢查書包的東西是否齊全了再出門。

有沒有發覺哪裡不同？事件的描述順序變了！

原本放在第二段的驚慌恐懼擺到最前面來，然後才敘述數學作業沒帶的事實，剩下的都一樣。也就是：驚慌恐懼→到補習班後發現作業沒帶→天人交戰→誠實交代→平安過關→從經驗中記取教訓。內容相差不多，只不過改變敘述的時間順序，整篇文章的驚嚇指數卻提高了。

除了忘東忘西，在學校遺失心愛的文具，也是大家常有的經驗。用「順敘法」記錄下來吧：

自動鉛筆遺失記

莊子儁．臺北市修德國小

上個月，在自然課的時候，我正用著新的自動鉛筆，老師說：「現在要開始做實驗，請過來集合。」我立刻把新筆放到鉛筆盒，專心看著老師講話，轉過身來收拾文具準備下課，一打開鉛筆盒時，看到新的自動鉛筆居然不見了！我大發雷霆、暴跳如雷，又氣又急，不知道該如何是好？

這時的同學們很熱心，一個個都說想要幫我找回自動鉛筆，我很感謝他們，同學們紛紛四處低頭尋找，我也開始絞盡腦汁的回想，最後看到自動鉛筆是什麼時候？我一直想一直想，想到頭殼差點爆掉，都想不起來，**自動鉛筆你到底在哪？**

有一位同學氣喘噓噓的跑來找我，他說：「找到了！找到了！你的自動鉛筆在英文教室！」我欣喜若狂的喊：「終於找到自動鉛筆了！」我雖鬆了一口氣，卻很納悶：**筆啊筆，你難道長腳自己跑掉了**？

這次的自動鉛筆失蹤事件，算是有驚無險，我以後要好好愛惜東西，也要提醒同學以我為戒，千萬不要再隨手亂丟東西。

嘗試用「倒敘」的方式改寫看看：

自動鉛筆遺失記

莊子儁．臺北市立修德國小

自動鉛筆你到底在哪？筆啊筆，你難道長腳自己跑掉了？

上個月，在自然課的時候，我正用著新的自動鉛筆，老師說：「現在要開始做實驗，請過來集合。」我立刻把新筆放到鉛筆盒，專心看著老師講話，轉過身來收拾文具準備下課，一打開鉛筆盒時，看到新的自動鉛筆居然不見了！我大發雷霆、暴跳如雷，又氣又急，不知道該如何是好？

這時的同學們很熱心，一個個都說想要幫我找回自動鉛筆，我很感謝他們，同學們紛紛四處低頭尋找，我也開始絞盡腦汁的回想，最後看到自動鉛筆是什麼時候？我一直想一直想，想到頭殼差點爆掉，都想不起來。

有一位同學氣喘噓噓的跑來找我，他說：「找到了！找到了！你的自動鉛筆在英文教室！」我欣喜若狂的喊：「終於找到自動鉛筆了！」我鬆了一口氣。

這次的自動鉛筆失蹤事件，算是有驚無險，我以後要好好愛惜東西，也要提醒同學以我為戒，千萬不要隨手亂丟東西。

文章內容不變，只是第三段變成第一段了。比較看看，順敘與倒敘，哪一種更吸引你？

從小到大，難免會碰上意外而受傷，這是慘痛的教訓，也是深刻的寫作題材。下面這篇文章，請判斷一下：是用順敘法或是倒敘法開頭呢？

傷疤的教訓

張愷庭．臺北市大龍國小

每次照鏡子時，看到耳朵上的疤痕就會忍不住想要去撫摸，不由自主的想起一年前的那場意外。

意外發生在我三年級的某一天下課，我跟同學一起去操場玩「鬼抓人」遊戲，當我要準備逃跑時，跟一位同學撞在一起，頓時覺得耳朵後面有點疼痛，我摸了一下，發現手上有一絲絲的血跡，同學立刻陪我去健康中心，護士阿姨先幫我消毒傷口，再幫忙包紮，最後打電話給阿公請他帶我回家休息。

如果當時我有快速閃開，就不會和我的同學撞在一起，耳朵也不會受傷，更不用去看醫生。一個不小心的相撞，竟然會引發這麼大的災難，真是不划算！我會深深記住這次教訓，這個印記將會跟著我一輩子，隨時隨地提醒我要遠離傷害，做事或遊戲都不要粗心大意。

◎在文章裡吹牛皮

呈現事件的發生與經過，如果只是按照記憶原版複製與貼上，文章怎麼可能好看呢？當然要來點渲染的力量，這就需要用到「誇飾法」與「對話法」了。

「誇飾法」有個「誇」字，誇張的放大或縮小，代表吹牛皮的意思，跟事實相差一大段路，三分描寫成五分，七分放大爲十分，卻又不會讓讀者懷疑它的眞實性，理所當然地加深了印象。對於平鋪直敘的記敘文來說，無異是生力軍，不管是事件中的時間、空間、心境、表情、動作、狀態等等的描寫，都能語不驚人死不休。

成語中也有許多用到誇飾效果的，像：天翻地覆、氣吞山河、揮汗如雨、怒髮衝冠、笑掉大牙、火冒三丈、人山人海、夏蚊成雷、翻江倒海、千頭萬緒、度日如年、哄堂大笑、響徹雲霄……這些偏離事實卻又讓人瞬間融入情境的「牛句」，還有成千上萬呢。你能舉得出來嗎？請把它們寫在這一頁空白處喔！

誇飾句很像魔法師的魔杖，輕輕一點，文章氛圍都變了。

遲到記

今天睡得太晚，上學快遲到了，我著急地跑步，一直跑一直跑，終於在打鐘前趕到學校。

揮揮魔杖，用誇飾法變變魔法吧：

遲到記

劉宗偉・新北市永和國小

慘了！我上學快遲到了！匆匆忙忙跑向學校，一路上，我三步併作兩步跑、健步如飛的跑、我上氣不接下氣的跑……終於跑到教室後，我狂冒冷汗，全身軟趴趴，兩腳不停發抖，媽媽只好幫我請假了，我度過了痛苦的一天啊！

同樣是因遲到跑步上學，哪一篇更能讓人感受到一路狂奔後虛脫的形象呢？

在美食街遇到「小強」——蟑螂，眞是不愉快的經驗。有小朋友這麼寫道：

去百貨公司的美食街吃東西，竟然看到蟑螂爬來爬去，有夠噁心的。

用誇飾法變身一下吧：

「啊！啊！啊！」一到美食街，耳邊竟傳來驚叫聲，原來有蟑螂大隊出沒！很快的，所有人都逃得無影無蹤，有些人被嚇得腿都軟了，臉色發白，就像生病中的病人一樣，跑也跑不快，真想不到，小小的蟑螂竟有這麼大威力呢！（周冠甫．臺北市金華國中）

利用事物的特性作豐富的聯想，言過其實，誇大鋪張，用來描寫心情的變化，再厲害不過了，不管是害怕、緊張、驚恐……都能馬上讓讀者身歷其境。好比受傷了，用誇飾句來描述，連疼痛感都加倍了呢！

驚險的一刻

吳旻謙．臺北市成德國小

一到花蓮，我頓時把功課壓力拋到九霄雲外，也點燃心中興奮的小火花，準備開始未知的旅程，體會新鮮的事物。

懷著快樂的心情跟家人一起玩滑水道，一不留神，不小心撞到了頭，從滑水道無重力地滑了下來，掉到水池裡，彷彿像遇見死神般，頭痛得不得了，使盡全身的力氣去找家人。

家人帶我去治療時，得知要住院，瞬間**我的緊張像熾熱的岩漿流向全身。雙手突然冒出溼冷的汗水，心跳越來越快，腳也不聽使喚地顫抖個不停，心臟像變形似的怦怦跳著堵在胸口。**

過了數天，得知可以出院後，我原本心中千斤重的大石頭頓時放下來了，緊張的氣氛煙消雲散，家人們也越來越開心。

原本有如綿綿細雨般的心情，立刻變成了晴天，身上的每個細胞也彷彿都在歡呼。自從這次的意外後，我玩遊戲時會專心，避免再次受傷或發生意外。

血流成河的教訓

李玟靚・新北市永和國小

我常在校園的各個角落跑來跑去，每當我走到那棵大樹下，總會回憶起那次讓我心如刀割的意外。

事情發生在四年級時，我和朋友們在玩鬼抓人，我的跑步技術不好，一直被抓。後來我躲在一棵樹下，看著鬼跑來跑去。

躲了很久，都沒人發現，我心底正歡喜時，上課鐘聲突然響了，我拔足狂奔，在一次大轉彎下，踩空跌倒。一剎那間，**時間彷彿慢了下來，我的左腳不再是我的左腳，騰空滑行了好一會兒我的手才摸到了地，左腳頓時麻痺的感覺，接著就血流成河，痛不欲生，**我艱難的走回教室。

這場意外，令我絕望，因為醫生說我不能做運動，直到傷口好起來為止。我不能去上我最喜歡的體育課了！**當醫生說出這句話時，我彷彿萬箭穿心。**當時的我，沒有遵從醫生的建議，還是去做運動，結果，左腳不但好得很慢，到現在還隱隱作痛。

「聽醫生的話」，是一件很重要的事，一場意想不到的事情就讓我一輩子痛苦不已。敬告各位——「小心駛得萬年船」啊！

一場意外

曾瀚弘・新北市永平國小

每當我經過永平國小那廣大的操場時，就會**不由自主的身體發抖，眼睛閉上，不想回顧那場突如其來讓我痛徹心扉的意外……。**

去年五月左右，當時我在上體育課，一切有條不紊地進行著，剛跑沒幾步時，突然被某個不明物體絆倒，**瞬間我的腦子一片空白，像是進入了另一個時空，所有的感覺都被放大了**。當我回過神來，我的左手撐在了地上，但是過幾秒後，「啪！」一聲，左手用力過度竟骨折了！當下立刻放掉左手，但是這個舉動卻讓我的鼻子直接撞擊地面，血流滿面。

這場意外措手不及，左手痛苦不堪。但卻有意外的收穫，因為骨折的這一個月，都不用跑步、抬餐、做值日生。只是這些工作以後還要補回來，畢竟天下沒有白吃的午餐。

骨折的這一個月，打著石膏纏著手，生活非常不方便，提醒著我：以後不論是跑步，或是走路，都要更加小心。

自己嚇自己

林紳富．新北市福和國中

三更半夜，突然想上廁所，怎麼辦？全家人都睡著了，如果吵醒他們，一定會被罵的，但我又不敢自己去上廁所。現在到底該怎麼做？**想上廁所的感覺，不斷侵襲著我，「石門水庫」快要衝破堤防了**，真是傷透腦筋。

房間外就像黑洞，想要吞噬著我，又好像像隨時會有一隻厲鬼跳出來吃掉我……陰影幢幢，嚇破我的膽。最後，還是鼓起了勇氣，往前衝吧！就這樣到了廁所門口，我又愣住了：會不會一進去就直接被關在裡面出不來呢？我緊拉著門，怕發生我預想的恐怖畫面。我躲著鏡子，害怕映照出來的人不是我……終於上完了廁所，我以被鬼追的光速跑回房間，關上房門，拉上棉被，蜷縮成一團。

這一次的廁所驚魂記中，我體會到了害怕的感覺，以後我應該更勇敢，別再自己嚇自己了。

雖然誇飾法超級好用，可以讓想像力馳騁奔騰，營造出強烈的感受，但也不是無限制的擴大擴大再擴大，感覺「失眞」扯謊，這樣反而失分了。比如第一次上臺演講的經驗很緊張，有人用誇飾法形容自己的心情：

我太緊張了，在臺上差點暈過去，暈到美國又暈回臺灣，都不知道自己在講些什麼。

到底暈了沒？還從美國暈回臺灣！這就誇張得太離譜了。另一位做了較好的示範：

我太緊張了，我的臉漲得通紅，口乾舌燥，世界末日來臨也不過如此。（邵品宣・新北市永和國中）

只把焦點集中放在身體感官的誇張放大，這感覺就對了。

◎讓文字「動」起來！

文字是不會說話的，怎樣讓它「動」起來？難忘的事件繪聲又繪影，帶領讀者到現場去呢？必殺技就是「對話法」——原聲重現。

對話屬於摹聲法的一種，都是把聲音臨摹下來，能讓事件有畫面感，靜態變動態。主要有三種寫作方式：

一、誰說的話，用冒號、上下引號包起來。例如：

媽媽說：「這麼晚了，還不去寫功課嗎？」

二、省略掉冒號，先寫出說了什麼話，是誰說的擺最後。像這樣：

「這麼晚了，還不去寫功課嗎？」媽媽說。

三、說話者擺中間，把話切成前後兩段。好比：

「這麼晚了，」媽媽說：「還不去寫功課嗎？」

發現了吧？同樣一句話，因爲說話者的前、中、後擺放位置不一樣，就產生了變化。

若再把「表情」跟「動作」加進來，說話者的神態就更逼眞生動了：

媽媽生氣的皺著眉說：「這麼晚了，還不去寫功課嗎？」（例一）

「這麼晚了，還不去寫功課嗎？」媽媽生氣的皺著眉說。（例二）

「這麼晚了，」媽媽生氣的皺著眉說：「還不去寫功課嗎？」（例三）

事件描述中加上對話，人物「活」了起來，好像把事情經過「演」給你看喔：

歡樂的除夕夜

周承緯・臺北市永吉國小

每一年的除夕，是一家人最快樂的時候。**當爸爸說：「要走囉！」**我和弟弟便會快速的穿好鞋子，因為這一天對我們的意義非同小可，我們坐上爸爸的車，行駛在熱鬧的街道上，一家人有說有笑，你一言、我一語，很快就到達目的地——阿公家。

家人和我在沙發上討論最近發生的事：「你最近怎麼了嘛？」、「有

啊！我發票中獎了。」、「**太棒啦！**」大家七嘴八舌，聊一聊就到了用餐時間，阿嬤在煮飯，弟弟在擺餐具，媽媽在忙揀菜，爸爸在收物品，一家人都快馬加鞭的準備晚餐。

晚餐上菜了，**弟弟最先為晚餐做評論，「好香喔！好好吃！」**媽媽則是閒話家常，聊每個人的零用錢有多少，**阿公和阿嬤在一旁開開心心的為大家夾菜：「多吃一點啊！」**晚餐十分美味，飯菜熱呼呼，菜色豐富，色香味俱全，沒人挑三揀四，全家和樂融融，也因為這樣，今天的飯菜比平常還要香。

晚飯後，弟弟在玩遊戲，我則是期待著家人會給我多少壓歲錢，其他人圍坐在電視機前看新聞，享受溫馨的除夕夜。

每一年只有一次除夕，而今年的除夕是我最喜歡的，因為全家人都在，團圓的感覺真好，我記憶深刻，滿滿的幸福滋味！

除了家人相會團聚，跟好同學們聚餐，最快樂不過了，現場說過什麼？吃過什麼？平鋪直述不精采，讓對話法重現熱鬧的那一刻吧：

難忘的聚餐

李正凱．臺北市福德國小

去年，我和幾個平日都玩在一起的「麻吉」，去了一間牛排店。同學興奮的說：「這裡是網路知名的牛排館，味道一定不會讓我們失望。」

「真希望趕快吃到！」另一個同學睜大雙眼說。

點完餐後，我們迫不及待的等待餐點下一秒就送來。

當服務生一把鐵蓋拿起時，一股香氣撲鼻而來，緊接著就是牛排吱吱作響，彷彿叫我趕緊吃掉它。當我叉起一塊牛排放進嘴裡，一股黑胡椒的焦香味道散布到我嘴裡的各個角落，咬下一口，肉在我嘴巴化開，這油而不膩的滋味，令我狼吞虎嚥的一口接著一口，不一會兒，鐵盤就被我清得一乾二淨，每位同學也都吃得津津有味。

用餐後，我們脹著肚子「滿」載而歸，臉上也不約而同浮現了滿意的笑容。

「這家牛排果然是全世界最好吃的牛排館。」我讚不絕口。

「是呀！真期待下次可以再和大家一起來。」同學們也紛紛附和。

在夕陽的陪伴下，我們有說有笑的走回家。每當我想起那次的用餐時光，就像坐著時光機回到那個時刻，美味的牛排、同學的歡笑聲，至今仍在我的腦海中迴盪著。

記憶深處最懷念的人，把它記錄下來：

我最思念的人

陳冠興．臺北市金華國中

我最思念的人，是小時候最寵我的人，是小時候最常陪伴我上下學的人，是小時候對我最溫暖的人。他是誰？沒錯，就是我最思念的爺爺。

每次一回到家，走進書房，第一眼就看到在天之靈的爺爺照片。照片中的他，有一雙明亮的眼睛、皺皺的皮膚和稀疏的頭髮，奇怪的是，不管身在哪一個角度，他彷彿都在看著你。

小時候，因媽媽身體不好，由爺爺和奶奶帶大我。我總是喜歡叫家人排成一排，和我一起又唱又跳，爺爺即使動作遲緩老邁，永遠是跳得最賣力的那個人。他還教我下棋和打牌、學走路。

有了爺爺，我的童年永遠都不會孤單，有人說：「愛不是用眼睛去看，而是用心去體會。」爺爺的愛是觸摸不到的，只有體會才能感受到。那曾經美好的幸福時光，和爺爺相處的點點滴滴，早已深深烙印在我的心中，永遠永遠也忘不了。

若再加上當事人曾經說過的話，音容笑貌將更加逼真了：

我最思念的人

陳冠興．臺北市金華國中

我最思念的人，是小時候最寵我的人，是小時候最常陪伴我上下學的人，是小時候對我最溫暖的人。他是誰？沒錯，就是我最思念的爺爺。

每次一回到家，走進書房，第一眼就看到在天之靈的爺爺照片。照片中的他，有一雙明亮的眼睛、皺皺的皮膚和稀疏的頭髮，奇怪的是，不管身在哪一個角度，他彷彿都在看著你。

小時候，因媽媽身體不好，由爺爺和奶奶帶大我。我總是喜歡叫家人排成一排，和我一起又唱又跳，爺爺即使動作遲緩老邁，永遠是跳得最賣力的那個人。他還教我下棋和打牌，學走路時，他總是一步一步的牽著我的手，笑著跟我說：「真好，真好，走得真好，慢慢的走啊……」爺爺的這句話，使我走得更穩且更有自信，一步一腳印的走下去。

有了爺爺，我的童年永遠都不會孤單，有人說：「愛不是用眼睛去看，而是用心去體會。」爺爺的愛是觸摸不到的，只有體會才能感受到，那曾經美好的幸福時光，和爺爺相處的點點滴滴，早已深深烙印在我的心中，永遠永遠也忘不了。

◎看文章，作練習

逛大賣場是大家都有過的經驗，看看下面這篇文章，哪裡用了倒敘法？哪裡有誇飾句？哪裡有對話法？請用心找一找，拿尺把句型畫下來並標示清楚喔！

逛大賣場

陳宥綸・新北市福和國中，現就讀臺北市建國高中

「先生、小姐，趕快來看看我們的美食喔……」耳邊彷彿又傳來不絕於耳的叫賣聲。即使已經離開了大賣場，那熱鬧的購物經驗仍叫我難忘。

上禮拜來到了物品多樣化的大賣場，在這賣場裡，有一場消費者的戰爭。「大搶購！大搶購！限時大搶購！」婆婆媽媽們紛紛一擁而上，就是為了搶到特價品，有的人搶到肉、有的人搶到青菜、有的人搶到麵包……不管出現什麼物品，總是令人眼花撩亂。而我最喜歡到餅乾區試吃，「喀嚓！喀嚓！」脆脆的口感，真是太療癒了。「來喔，好吃的牛排煎好了，快來喔！」我一聽到牛排可以試吃，眼睛一亮，立刻用跑百米的速度飛奔過去排隊，在隊伍中我聞到了牛排香噴噴的氣味，早已垂涎三尺，大飽口福後，我走到了文具區看到了五花八門、各式各樣的文具，隨手拿起一本可愛小巧的筆記本一看，「哇！竟然只要十元。」這裡的東西真是物美又價廉。

在走道的中間段，有一個美食天堂，菜單上的食物雖然不多，可是卻

很美味，我點了一道草莓蛋糕，雖然肚子在一路試吃後，早已經像皮球般高高突起，不過俗話說的好：「甜點總是放在另一個胃裡」，放眼望去，每種試吃部都大排長龍，每個人的購物車裡，物品都堆得如山一樣高。

在結帳區，我們家分派爸爸去排隊，而每次結完帳，爸爸一定會荷包大失血，因為大家的戰利品都不少。即使天黑了，在出口處卻還是有人從四面八方湧入賣場，可見賣場是個越夜越熱鬧的地方。我看著每個客人臉上的表情，有的人很開心、有的人很心痛，例如爸爸。其實來購物，不是看你買了多少、吃了多少、付了多少錢，而是在假日和家人共度美好時光，能和家人一起悠閒逛賣場，真是幸福啊！

好功夫磨練區——變身高手練功房

「要想成功，必先練功」——跟著題目練習一遍，趕快開啟變身模式吧！

《誇飾篇》：把所要描寫的人、事、物，故意用誇大其實的渲染語句來形容，與真正的事實相差很大，加深了讀者的印象。

請按照每題提示的誇飾重點，以最少增加兩句的形式延長：

例如：哥哥開心的笑。（誇飾重點在「笑」）

答：哥哥開心的咧開嘴哈哈大笑，笑聲都快震破屋頂了。

一、妹妹不見了，媽媽非常的著急。（誇飾重點在「著急」）

答：

二、他傷心的哭了。（誇飾重點在「傷心」）

答：

三、今年的夏天真是太熱了。（誇飾重點在「熱」）

答：

四、冬天到了，好冷！（誇飾重點在「冷」）

答：

五、這個人家裡好窮。（誇飾重點在「窮」）

答：

重點小叮嚀

敘述事件必備三要件：

倒敘法＋誇飾句＋對話法

好技巧說明區 三

物品描述

變身篇

人類是萬物之靈，生來就有感官知覺，能用眼睛看世界，用耳朵聽聲音，用鼻子聞味道，用雙手觸摸東西，用嘴巴嚐百味，多麼幸運呀！但是，這世界除了人，還有各種各樣的東西存在，包括有生命和沒有生命的；會說話和不會說話的。那這些沒有「發言權」的萬物，它們有感覺嗎？能不能讓它們也說說話，也表達一下意見和想法呢？

兩千多年前的大思想家莊子，就已經嘗試與水中的魚、花園中的蝴蝶對話了，體會牠們的快樂與自由，運用豐富的想像力和美妙的文筆，讓大自然物體也像人一樣生動起來，充滿各式各樣的感覺。

是不是很像變魔術？這個大魔術師，正是你自己。

選擇哪種物品（或生物）？開口讓它說什麼話？作何種表情？表演哪樣動作？展現什麼情緒？控制權在自己手上呢。把自己想像成線偶大師，手中的木偶娃娃能不能活靈活現博得滿堂彩，全看你的操控與表現手法高不高明了。

這種讓人類退居幕後、「東西」變主角的文章，題目範圍上天下地、包山包海，擴及動物、植物、各種非生物體，能考驗出學生的聯想能力與描述功力，向來就是作文考題的大熱門題型。

九十八年國中基測考過「常常，我想起那雙手」，「手」是描寫重點。大學入學測試考得更頻繁了，曾連續三年的國文作文考題，都以物品爲題：八十三年考「夢」、隔年考「網」、緊接著下一年寫作考題是「樹」；到了九十一年學測考「河流」、九十九年考「漂流木的獨白」、一〇五年因颱風而爆紅的歪腰郵筒也入題——「我看歪腰郵筒」……去年的學測作文考題是：「如果我有一座新冰箱」，連冰箱都能當考題！

考試命題的確會引導學校的教學方向，影響所及，學生們一定曾在學校遇過老師出這種作文題目當回家作業，有沒有被難倒過？可能有人會抱怨：「我又不是東西，怎麼會知道東西在想什麼？」

哈哈，只要加上兩種寫作技巧，這類型的題目其實超級好寫！

首先要認清題型。

若把作文題目當成假想敵，這類敵人會以何種面目出現呢？

只要看到「〇〇的自述」、「〇〇的內心話」、「我是〇〇」、「〇〇的獨白」、「〇〇的悲歌」、「〇〇的旅行」……之類的主題，八九不離十，肯定就是以「東西」為主角的記敘文。例如：鉛筆盒的內心話、種子的旅行、運動鞋的自述、我是一根直笛、颱風的獨白、垃圾桶的

悲歌……等等，太多太多了，以下用一張表格條列出來，看了將更加清楚。

物體	寫作方向	作文題目
動物	把自己化身為動物，寫出動物的特色與心聲。	流浪狗的獨白 一隻野貓的自述 我是一隻小小鳥 森林之王就是我
植物	把自己當成植物，描寫植物的生長方式、對環境的影響。	種子的旅行 我是一朵向日葵 檳榔樹的告白 我是一棵茄苳樹
無生物（沒生命的物品）	觀察物品的使用特點或形成原因，用「我」的觀點寫自己獨特的作用與用處。	雲的旅行 書包的獨白 手機的內心話 漂流木的悲歌

不會說話、沒有動作的東西，要怎樣像人一樣「活」過來？善用感官摹寫、譬喻修辭與轉化法，正是讓這類題型畫龍點睛的最佳配方。**寫作技**

巧是：感官摹寫＋譬喻修辭＋轉化法＝物品描寫。

◎感官摹寫讓作文變變變

什麼是「感官摹寫」？就是善用人類天生本能的外在五官——眼睛、鼻子、耳朵、嘴巴、皮膚，啓動接收器，去專心看、用力聽、聞味道、手觸摸……感知萬事萬物的變化後，再細膩的「摹」擬與描「寫」，忠實的記錄物品原貌。講白一點，摹寫法等於是身體感知環境後的「複製」與「貼上」，按照感覺器官的不同，區分成視覺、聽覺、味覺、嗅覺、觸覺等五種摹寫方法。

就好像看行腳節目一樣，主持人代替我們走遍天下，透過他的感官知覺生動介紹吃的喝的看的玩的，彷彿我們也親臨現場走了一趟，感官摹寫法正是讓我們做稱職的物品介紹人。

以「我的校園」爲題做例子，有小朋友寫道：

我的校園裡種了很多花草樹木，還有一片很大的池塘，有時候可以看到青蛙站在石頭上。

專門針對「花草樹木」、「池塘」、「青蛙」這些景象特點，加上感官摹寫技巧，文章大大改變了：

我的校園裡種了各式各樣的花，**有紅的、有白的，還有粉的花**，旁邊**有綠綠的草陪襯著（視覺摹寫）**，美麗極了！到處有高大的樹木，還有一片占地廣闊的池塘，有時候可以看到**青蛙呱呱呱叫著（聽覺摹寫）**，開心地站在石頭上。」（廖柏鈞．新北市民安國小）

不僅字數增加了，形象是不是也變豐富了呢？

若進一步對校園裡的某一處景物做特別描寫，好比生態池，有同學這麼寫：

學校裡有一座生態池，看起來很美。

「美」是主觀感受，到底怎麼美法？不具體說明，或許你覺得美我覺得醜咧！這可不行。

用摹寫法來變變魔術：

學校裡有一座生態池，生態池旁有棵紫色的牽牛花，還有許多叫不出名稱的花朵們色彩繽紛真是熱鬧（**視覺摹寫**），蟲鳴鳥叫「吱吱——喳喳——」的悅耳聲（**聽覺摹寫**），全天下的美景都不如它。（廖柏鈞．新北市民安國小）

前後對比，文章是不是不一樣了？這就是寫作變身術！

◎在文章裡打個比方

「譬喻修辭」則是想像力大奔放，也是讓文章變豐富的重要祕訣，把兩種不一樣、卻又有某些地方神似的東西放在一起打比方，運用「那」來比喻「這」，讓八竿子打不著的兩樣東西產生了連結性，多麼神奇的方法！抽象的東西也能變得具體化。

好比眼淚，水水的，很難形容，把它跟水龍頭聯想在一起，變成：「我的眼淚像關不起來的水龍頭流個不停……」，是不是很傳神？生氣的爸爸光火了，好像噴出岩漿的火山——借用「火山」來比喻「冒火的老爸」；哥哥跑得飛快，有如敏捷的獵豹——把「獵豹」借過來套用在「會跑的哥哥」身上。

要怎樣把兩樣相似卻不相同的東西緊緊黏在一起呢？這個強力黏著劑，就叫「喻詞」，常用的有：好像、就像、竟像、有如、宛如、如同、彷彿、好似、好比、是……等等。有了它「黏」在兩樣東西之間，甲就會化身爲乙了。

要適當比喻，平常就得多做聯想力練習，看見萬事萬物，找到它特殊的地方發揮奇想。好比看到一個胖子，聯想到圓滾滾的西瓜、汽油桶、皮球；瘦子則是竹竿、電線桿、牙籤……尤其是沒有生命的東西，透過譬喻方法加以形容，將更加生動。

來欣賞一些金頭腦寫下的譬喻佳句吧：

小星星們在雲端玩起捉迷藏，不時的眨眼睛，**真像一群頑皮的小孩**。他們在天上爭著閃閃發光，為大地上的人們照亮回家的路。（黃柏銓．臺北市大橋國小）

上作文課了，我看著稿紙，稿紙看著我，**我的頭腦如同稿紙一般空白，五分鐘就像幾世紀那麼長**。（廖柏鈞．新北市民安國小）

蝸牛走路會留下一條滑溜溜的線，**好像是一條沒有盡頭的滑水道**。（邱馨儀．臺北市修德國小）

百貨公司就像魔幻樂園，製造出各種彩虹泡泡，讓每個人都可以找到自己的奇幻夢想。（吳秉樺．新北市福和國中）

吃藥好苦，有如是在地獄裡吃一堆又一堆的毒蛇。（邱太謙．臺北市修德國

小）

錯別字，**是漁網上的大破洞**；**是垃圾堆裡的臭老鼠**；**是白米桶裡吃米的大米蟲**……它們就是我最大的敵人。（叢緯濬・新北市私立竹林中學）

媽媽的眼神，**有如獅子盯上了獵物一般**，一直緊緊瞪著我，令我毛骨悚然。（邵品宣・新北市永和國中）

當老師生氣時，**罵人的話就像機關槍一樣拚命向我們掃射**，「答！答！答！」我被射中好幾槍，心都碎了。（劉宗偉・新北市永和國小）

下課鐘響了，我在座位上一直扭來扭去，**彷彿一隻愛亂動的小毛毛蟲**，我都坐不住了呢！（朱家瑩・新北市秀朗國小）

友誼就像百科全書，開啟我們寬闊的視野，帶領我們走向不同的世界。（馬鈴茜・新北市福和國中）

純潔的友誼就像一帖靈藥，更是高山上的清澈溪流，所有心靈上的病痛，它都能全部治好。（邱紫綺．新北市私立竹林中學）

冬天的風吹來，讓人冷得**把脖子縮得像烏龜似的**，兩隻手藏進口袋裡，**全身不停的顫抖有如海浪一樣**。（郭維庭．新北市永和國小）

心情的變化肉眼看不見，若用譬喻句來形容，情緒張力不知放大了多少倍呢：

開心的時候，我的心情**就像春天的花朵**，擁有了大地溫暖的懷抱；**又像一隻貓咪在草原上快樂的奔跑**。（吳若帆．臺北市雙蓮國小）

生氣的時候，我的心情**就像岩漿般滾燙**，恨不得灼傷所有人；**也像茶壺沸騰時的熱度**，令人不敢靠近。哀傷的時候，**像是洩了氣的氣球**，從天堂掉到了地獄；**又像一動也不動的植物人**，無法體會世界的奧妙。（廖柏

鈞・新北市民安國小）

當我快樂的時候，我的心情就像火箭一樣，一股腦兒的衝上雲霄；也**像是一艘一帆風順前往目的地的船**；更像是高速前進，無憂無慮的在康莊**大道上自由奔馳的馬**。當我生氣的時候，**心情有如狂風暴雨一般**，吹襲我心中的大海，海浪一波未平一波又起；**也像在擂臺上的拳擊選手一樣**，恨不得把對手一拳打到地上；**更像武士一般**，想把敵人打得落花流水。（黃貴珩・新北市永和國中）

我生氣的時候，心情彷彿**凶猛的老虎撲向身軀龐大的大公牛**，滿眼殺氣，讓人害怕。悲傷的時候，心情**就像掉進暗黑的山洞裡**，不管多久都爬不出來；也像四週的朋友同伴全部離我而去，不再關心我，也不再靠近我。（謝佑賢・新北市永和國中）

一篇文章若每一句話都用譬喻句型來描寫，會變成什麼樣子呢？來欣賞小作家寫下的「喜怒哀樂」：

喜怒哀樂

范植凱・臺北市松山國小

開心的時候，我的心情就像一隻自由自在的小鳥，飛來飛去；又像美麗的彩虹，閃耀在水藍藍的天空上。

生氣的時候，我的心情就像一隻凶猛的獅子，吼來吼去；又像一頭生氣的牛，撞來撞去，沒有人敢靠近我。

悲傷的時候，我的心情就像灑滿雨的大地，滴滴答答還打著雷；又像被逼到牆角的小老鼠，無處可去。

快樂的時候，我的心情就像一隻開開心心的貓咪，只要去河邊就抓到魚；又像一下子就長大的小樹，驕傲的抬頭挺胸。

哭泣、快樂、悲傷、生氣，這種種的心情，陪伴我長大，豐富了我的人生。

有沒有感覺美得像一首詩呢？

◎用感官摹寫做練習

看了這麼多，現在，實際來做做練習吧。

把感官摹寫加上譬喻修辭，放進物品當主題的文章裡。請選擇一樣東西，把自己當成它的發言人，加上「看起來……」（視覺摹寫）、「摸起來……」（觸覺摹寫）、「聽起來……」（聽覺摹寫）的關鍵字眼，仔細的介紹這樣物品的特點，再用「像……」的字眼，把它比喻成另一種人或事物。

把它畫出來更易理解，就像這樣：

作文題目：

我是……（一種東西）

我聞起來……
我聽起來……
我看起來……
我摸起來……
我吃起來……

＋ ＝ 好像（彷彿、好似、有如、好比、是）……

字數不必太多，也不必五種感官摹寫全部寫齊，針對東西的特性，任挑兩到三種來描寫，一百字以內做練習，開始！

在大家動動腦時，不妨先來欣賞一些佳作：

我是一顆飛彈，我**看起來有如鋼鐵般的堅硬**，**摸起來冰冰涼涼的**，飛**出去的聲音聽起來「咻！」一聲**，比你眨眼睛的速度還快，我已經飛到九霄雲外了。我能在短短時間內結束上千條生命，**就像是地獄的大魔王**，讓大家感到害怕。（呂紹祥．臺北市松山工農）

掌握住武器冰冷、堅硬、快速、可怕等等特性，加上感官摹寫（看起來……摸起來……聽起來……）和譬喻修辭（像……），飛彈的威力不言可喻。

我是樹葉，我**看起來十分翠綠，摸起來滑滑的，聞起來新鮮芳香**，當風吹過時，**聽起來有「沙沙」的聲音**。**我像大樹的棉被**，當季節變換時，**我飄落在地上又像大地的地毯**，人們踩過去發出響亮的聲音，告訴大家秋天來了。我還可以做成標本，供人欣賞，讓人看了十分舒服。（陳芊穎．臺北市中山女高）

小樹葉，有大作用，豐富的感官摹寫（看起來……摸起來……聞起來……聽起來……），和譬喻修辭（像……），具體且細膩的描繪出樹葉的一生。

我是一支拖把，**看起來長髮披肩**，**摸起來粗糙不堪**，**聞起來像臭抹布的味道**，別瞧不起我這副流浪漢的裝扮，**我可是一位地板剋星**，能為人們清除骯髒的污穢，只要有我經過的地方，馬上清潔溜溜，這世界一旦失去

了我，就會失去整潔的秩序呢！（林芷妘．康寧大學）

拖把的外型與功能，透過感官摹寫（看起來……摸起來……聞起來……）與譬喻想像（是一位……），不起眼的東西也能小兵立大功。

我是棋盤，**外表好似記錄人事滄桑的稿紙，摸起來的質地卻像大地巨石**。每當下子的剎那，那聲響，有如法槌定生死的宣判。**我像是一片萬將爭奪的美麗國土，也像是千軍萬馬廝殺的無情戰場，更像是觀看人間那至高無上的天神，賜與那些驍勇善戰的鬥士們一個盡情較量的天地**。（連翊涵．世新大學）

棋盤兩軍對峙的局面，運用了「像……」＋「也像……」＋「更像……」的譬喻技巧，想像力無限奔放，似乎讓我們在棋盤上聽見戰馬奔騰的聲音，臨場感十足。

◎所有東西都會說人話了！

以物品入題時，絕對少不了轉化技巧。什麼是轉化法？它分成擬人跟擬物兩種，簡單來說，前者把東西變成人、後者把人變成東西。

例如把太陽變成太陽公公、飛舞的蝴蝶是蝴蝶小姐、有鬍子的榕樹變榕樹爺爺、天邊的月亮稱作月亮姑娘……**凡是把萬事萬物加上了你我他、先生、小姐、公公、婆婆、哥哥、弟弟、姊姊、妹妹等等的稱謂，物品有了人的稱呼及性格，被「模擬」成為「人」了，就是擬人法。**

來看看小朋友們以擬人法描寫的夏天：

夏呀！為什麼你一來就讓萬物熱得滿頭大汗、讓大家汗流浹背、讓植物垂頭喪氣、讓人類躲進冷氣房避開你的魔掌、甚至讓大地發生旱災……夏啊！夏啊！你為什麼這麼無情？（謝佑賢．新北市永和國中）

夏呀夏呀！**你**陰晴不定，脾氣古怪，為什麼**你**早上那麼晴朗，卻在下午突然下起傾盆大雨？害得那些在操場玩耍的小朋友們全身溼淋淋，街道上來不及躲避的路人也一瞬間變成落湯雞。**你**用紫外線打穿臭氧層，讓**地球媽媽**暖化，還派出**蚊子軍隊**使人們染上登革熱，人們對**你**真是怕得戰慄不已。**請你快快回頭是岸吧**。（裘士禹．新北市南山中學）

夏，**你**才來不久，我便覺得**你**好忙碌。**你**從早上開始工作，到了晚上也不能休息。**你**讓**花兒小姐們**燦爛開放，**大樹先生**戴上綠帽，**小草弟弟**換上新衣，公園裡到處一片綠油油的。**你**對大地熱情如火，花草樹木無不低下頭來，路旁的狗兒熱得伸長舌頭，幸虧**你**及時發動一場午後雷陣雨灑向地面，滋潤萬物，讓大家重新活了過來。**夏**，**你的存在讓世界熱鬧無比**，**歡迎你的光臨**。（馬鈴茜．新北市福和國中）

有了轉化法的魔法，無奇不有，任何物品都能夠開口說人話了！有人的脾氣、人的性情喔：

我是可怕的武漢病毒，如果不用特殊的機器檢查，沒人看得見、摸得著我。我無所不在，隨時能進入你的身體，使你非去醫院治療不可。但也因為我，大家更注重衛生習慣了。（吳若帆・臺北市雙蓮國小）

我是一本書，看起來像一個大大的立體積木，聞起來有特殊的味道，我就像一座城堡的大門，一打開來就發現取之不盡、用之不竭的寶藏。（黃柏銓・臺北市大橋國小）

我是一朵既高貴又美麗的玫瑰，就像是一位優雅的少女為這個世界綻放出鮮豔的色彩。（朱家瑩・新北市秀朗國小）

下面這篇文章，把自己徹徹底底轉化為「白開水」，與要描述的主角融爲一體，是很棒的示範喔：

白開水的內心話

廖柏鈞．新北市民安國小

我是既無色又無味的白開水，我的主人不喜歡我，卻喜歡那個叫「珍珠奶茶」的怪物，他奪走我的光彩，卻只會侵蝕人們的身體健康，而我，卻是能讓人類頭好壯壯的大功臣呢！

我是一位有包容性的君子，大部分的物體要來和我交朋友，我都是來者不拒的，例如：蜂蜜小姐和我交朋友，我們就變成了蜂蜜水；我和酒精先生作伴了，我們就變成了消毒水。黑豆先生和我混在一起，我們會變成醬油。瞧瞧我，心胸多麼開闊啊！

有好幾次，我的主人愛上了那個長相醜陋的「黑珍珠」怪物，開始離我而去，天天跟怪物作伴，直到……「你快得糖尿病了！」一位醫生警告他。「怎麼會？」主人不敢相信，提出疑問，醫生說：「你喝太多含糖飲料啦！」

從此，主人再度重視我、欣賞我，畢竟邪不勝正，那個怪物以敗戰收場。聽完我的親身經歷，相信大家更重視我的存在了。請以後多多支持我，和我作伴同行，保證你會有完美的體魄、健康的身體！

◎「三不」「二要」的寫作步驟

以物品入題時，有幾個地雷區，大家千萬要避開：

一、常常有人寫著寫著，到了最後一段，突然冒出：「我們人類要特別感謝○○的付出……」，奇怪，你不是已經變化成物品本身了，爲何又用人類的口吻講話呢？這叫做寫作觀點不一致，絕對是大忌諱。請注意：物品當文章的主角時，一定要用轉化法，稱謂是第一人稱「我」，切忌跑出第三人稱，用人類的觀點來比手畫腳的，那就角色錯亂啦。

二、除非命題有限制，否則不要選擇自己不熟悉的東西來描寫，不了解物品，自然霧裡看花，無法仔細描繪出物品的特性、外型與功用，文章不可能生動。

三、不必把東西漫長的一生，原料、製作過程、成品、下場……全部寫出來，落落長又不討喜，只需挑出最精采的片段作重點式描寫。想想看，若每個階段都仔細描寫，段段都是重點，反而看不見重點了，文章也會變得碎碎念，又臭又長。

最好再發展出一點戲劇性的效果，故事會更加有轉折性。

簡單總結：**以物品為題時，掌握「三個不」——不是人、不熟不寫、不全部寫；再加上「兩個要」——要加技巧、要有故事性！**

以前面林芷妘同學所寫的「我是拖把」作例子，若按照「三不」「兩要」的寫作步驟，會發展成什麼樣的作品呢？一起來欣賞：

拖把的內心話

林芷妘．康寧大學

我是一支拖把，**看起來長髮披肩，摸起來粗糙不堪，聞起來像臭抹布的味道**，別瞧不起我這副流浪漢的裝扮，**我可是一位地板剋星**，能為人們清除骯髒的污穢，只要有我經過的地方，馬上清潔溜溜，這世界一旦失去了我，就會失去整潔的秩序呢！

其實我一開始也是一位帥氣的紳士，我和我的同伴像軍人一樣，抬頭挺胸在大賣場立正站好，有一位帶著小孩的家庭主婦站在我面前，沒想到她竟把我放進她的購物車裡，我心想，終於有主人賞識我，帶我回家了！

回家後，主人把我放進整桶有如都放滿冰塊的冷水裡，冰冰涼涼真舒服呀，下一步卻把我帶去一間像菜市場般骯髒的房間，用我乾淨整齊的秀髮去拖烏漆抹黑的地板，再把我放在比臭水溝還要臭的掃把旁，害我差點無法呼吸！就這樣，我的苦日子來了。

某一個晴朗無雲的日子裡，頑皮的小主人拿起我來，和掃把阿伯玩起「打架」的遊戲，才幾下工夫，我和掃把阿伯的手臂就斷掉了，主人無奈之餘，只好先把我棄置在角落。

有一天我剛睡醒，伸伸懶腰，發現雨滴竟然在幫我和掃把阿伯洗澡！我的身體頓時起了雞皮疙瘩，回頭問掃把阿伯：「這……是哪裡啊？」沒想到，主人竟把我倆丟到資源回收場！真是晴天霹靂。

就在我悲傷不已時，有一道黑影從我面前經過，原來是一位老公公，他把我和掃把阿伯撿回他家去，那是一間黑暗的屋子，有位老婆婆走了出來，他們家裡沒有任何掃具，老公公為了不讓老婆婆那麼辛苦，費心把我和掃把阿伯修好，再給老婆婆使用，我不禁落下了眼淚，心想一定要幫老婆婆服務一輩子，報答老公公的恩情，老婆婆，我不會再讓你受苦了！

看出來了嗎？善用感官摹寫、譬喻修辭和轉化的小技巧，再加上一點點的戲劇想像（被丟棄後再重生），一支沒生命的拖把也展現出豐富的感情，向人類獻眞心呢！

再欣賞一篇「棋盤悲歌」：

棋盤悲歌

連翊涵・世新大學

我是棋盤，是曾經崇高又威武的棋盤，外表好似記錄人事滄桑的稿紙，**摸起來的質地卻像大地巨石。每當主人下子的剎那，那聲響，有如法槌定生死的宣判。**

不分日夜，主人都會陪伴在我的身旁，不厭其煩的與我鑽研名人棋譜，帶著他的黑白將士，給予我一局局拍案叫絕的精采對弈。我敢說，主人對我的愛，是沒有任何一位棋士比得上的。

有一陣子，主人一直咳嗽，連棋子都拿不穩了，我擔憂地望著他，心中不停的問：「主人您怎麼了？您怎麼了？」某天，主人竟咳出血來，倒在我的身邊！那一幕，深刻地烙印在我的心中。

在那之後，我就沒再見過主人。我好想念他，好想與主人一起研究棋局，好想再和他共同度過那美好又幸福的時光。我心知再也見不到主人專注的眼神與表情，卻還是殷殷期盼著，癡癡等待著主人的歸來。

年復一年，如今我殘舊不堪，全身積滿骯髒的塵埃，回想當時，**我像是一片萬將爭奪的美麗國土，也像是千軍萬馬廝殺的無情戰場，更像是觀看人間那至高無上的天神，曾經賜與那些驍勇善戰的鬥士們一個盡情較量的天地**。如今，卻只能屈居於陰暗潮溼的角落任由枯朽。想到往日風光，今日殘破的身軀，我不禁流下悲憤的淚水……。

透過「好似……」、「卻像……」、「有如……」的譬喻想像，讓不會講話、冷冰冰、動也不會動的棋盤，有著豐富的感情，會思念人，會流下淚水，令讀者也感同身受，這就是作文變很大！

透過這種寫作魔術，任何東西都有發言權。請看呂紹祥同學的「飛彈的內心話」：

飛彈的內心話

呂紹祥・新北市福和國中

我是一顆飛彈，我**看起來有如鋼鐵般的堅硬，摸起來冰冰涼涼的，飛出去的聲音聽起來「咻！」一聲**，比你眨眼睛的速度還快，我已經飛到九霄雲外了。我能在短短時間內結束成千上萬條生命，**就像是地獄的大魔王**，讓大家感到害怕。

我在作戰時很有用，只要一飛出去，就會讓無數村莊毀滅，也使得花草樹木都不能生長，大地陷入一片黑暗，難怪人們一見到我就離得遠遠的，我真是不受人們的歡迎。

雖然我面目可憎，但是你們知道我的內心話嗎？想必會十分驚訝。其實我不希望自己那麼可怕，我想和大家一起保護世界和平，我想打敗所有想侵略別人的敵人。人類啊，請善用我、喜歡我，因為我的能力除了破壞，還可以拯救全世界啊！

飛彈化身和平大使，說出它想講的話。小小葉片當然也能說話了：

樹葉自述

陳芊穎・臺北市中山女高

我是樹葉，**看起來十分翠綠，摸起來滑滑的，聞起來新鮮芳香**，當風吹過時，**聽起來有「沙沙」的聲音。我像大樹的棉被，當季節變換時，我飄落在地上，又像大地的地毯**，人們踩過去發出響亮的聲音，告訴大家秋天來了。我還可以做成標本，供人欣賞，讓人看了十分舒服。

當我落地，能滋養大地，讓萬物生生不息。每一個季節我都會變化出不同的顏色，春天時，我變身成綠衣天使；秋天時，我換裝成紅衣姑娘；冬天時，我則飄落到地上，是白雪的好玩伴。

隨著季節變換，我有著不同的面貌，是一位千變萬化的女郎，妝點著大自然。如果大自然沒有我，世界的色彩就會變成黑白；有了我，大自然增添許多光彩。雖然我只是一片小小的樹葉，但我卻是自然界中的大人物呀！

觀察到了樹葉一年四季的顏色變化，再加上「**看起來……**」、「**摸起**

來……」、「聞起來……」、「聽起來……」和譬喻法「像……」（千面女郎）的轉化描寫，樹葉彷彿有了生命，有了重量。

接下來，請做一個小小的練習，先閱讀下面這篇文章，再張大眼睛找一找，文章中哪些地方運用了轉化、譬喻，及摹寫技巧呢？找到後，把它們一一畫下來並標示清楚喔！

北極熊的話

陳宥安・臺北市松山國小

我是北極熊，在滿是冰霜的北極裡自由自在的生活，沒有任何不開心的時候，壯麗的冰山環繞著我，廣大海洋就在我的身旁，北極是個多采多姿的美麗境地，我有時在萬丈波濤裡尋找食物；有時在銀白的雪地上玩耍，無憂無慮。可是不知為什麼，冰和雪一直消失；海水漲得越來越高，種種現象像一層層迷霧困擾著我，所以我請教了我的朋友，北極燕鷗！

憂心的燕鷗小姐告訴我真相，原來，人類就是北極變化的「幕後黑手」！開冷氣、開汽車、燃燒垃圾和火力發電……使得保護地球媽媽的臭氧層破了一個大洞，我的故鄉開始暖化，我們北極熊家族大難臨頭了。

美麗的北極呀！養育我們的母親，請你別消失了啊！自私的人們，不知北極真實的狀況，不管這片生活美景的消失，不了解我們北極熊的苦衷，真是可惡。

我實在是無可奈何，心裡的哀傷好比這片無窮無盡的冰海，流下的眼淚快能淹沒冰原了。我非常思念以前的北極，所以若我能說人話，我一定會好好的跟人們訴說北極的慘狀，別再破壞環境，別再使北極融化，別再讓我們北極熊家族無家可歸！

好功夫磨練區——變身高手練功房

「要想成功，必先練功」——跟著題目練習一遍，趕快開啟變身模式吧！

《譬喻篇1》：又叫「比喻」，把兩種或兩種以上相像的東西放在一起做類比，「借一件事物來比喻這件事」。組成結構有三種：喻體、喻詞和喻依。要比喻的事物是「喻體」，用來比喻的另一件事物是「喻依」，連接兩者的語詞是「喻詞」。常見的喻詞有：就像、好像、彷彿、宛如、有如、好比、好似、是……等等。

請把下列的喻體、喻依跟喻詞，連結成一個至少二十字的通順譬喻句：

例如：

喻體：弟弟、喻依：猴子、喻詞：好像

答：弟弟跳上跳下的調皮模樣，好像一隻停不下來的頑皮猴子。

一、喻體：姊姊、喻依：玫瑰花、喻詞：彷彿

答：

二、喻體：運動員、喻依：獵豹、喻詞：有如

答：

三、喻體：心腸、喻依：石頭、喻詞：好似

答：

四、喻體：皺紋、喻依：蜘蛛網、喻詞：就像

答：

五、喻體：雨滴、喻依：芭蕾舞者、喻詞：宛如

答：

六、喻體：曬黑的臉、喻依：黑炭、喻詞：好比

答：

七、喻體：書本、喻依：老師、喻詞：如同

答：

八、喻體：諷刺的話、喻依：一把利劍、喻詞：像是

答：

好功夫磨練區——變身高手練功房

「要想成功，必先練功」——跟著題目練習一遍，趕快開啟變身模式吧！

《譬喻篇2》：打譬喻句裡的地鼠

以下的句子都是常見的譬喻句型，少掉的字好像是不見的地鼠，請找出牠們屬於哪一個地洞裡？請把牠們打進去！

◎馬　◎牛　◎狗　◎麻雀　◎草　◎蝴蝶　◎蘋果　◎羊

◎狐狸　◎火　◎櫻桃　◎石頭　◎玫瑰　◎浮萍　◎鉛塊

1 姊姊在溜冰時的身影好似一隻（　　），滿場飛舞，吸引住大家目光。

2 媽媽個性好溫柔，真像一隻小（　　）。

3 你整天在我耳朵邊嘰嘰喳喳的，電線桿上的（　　）也沒有你話多！

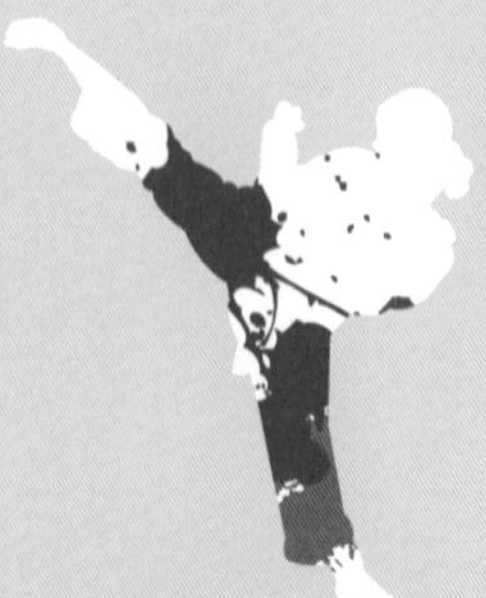

4 你太瞧不起人了，千萬不要（　　）眼看人低。

5 哥哥的個性太急躁了，蠻橫起來就像一頭（　　），非常不好溝通。

6 小偷狡猾得像一隻（　　），讓警察傷透腦筋。

7 那個漂亮小姐說起話來得理不饒人，活脫脫就是一朵帶刺的（　　）。

8 誰要做沒有國家的人？好像池塘裡無根的（　　），東飄西盪。

9 瞧瞧你頭上這堆亂（　　），快去梳頭髮！

10 看著教室裡像脫韁野（　　）亂跑的調皮學生們，老師胸中不禁燃燒起一把熊熊烈（　　）。

11 一早就被罵，弟弟心裡好比壓了塊大（　　），開心不起來，雙腳也像綁了（　　），重得無法舉步。

12 剛出生的嬰兒，紅紅的小嘴像（　　），胖嘟嘟的臉頰像（　　），真可愛。

好功夫磨練區——變身高手練功房

「要想成功，必先練功」——跟著題目練習一遍，趕快開啟變身模式吧！

《轉化篇1》：將事物的性質「轉換變化」的意思。描述事物時，把無生命的物體轉化為人、有生命的人比擬為物體，或是化抽象為具體。概分為擬人法與擬物法兩種。

請運用想像力，把下列狀態用**擬人法**寫成一個最少二十字的完整句子：

例如：

小鳥在樹上叫得好大聲。

答：開心的小鳥們一個個敞開了喉嚨，在高高的樹梢展現了美妙的歌喉，歌聲好像聲樂家那麼響亮。

一、公園裡的花兒被風吹得搖動不止。

答：

二、天空有許多亮晶晶的星星。

答：

三、海邊的浪很大。

答：

四、青蛙在池塘邊的石頭上高聲地叫著。

答：

五、老舊的冷氣機運轉時轟轟作響。

答：

好功夫磨練區——變身高手練功房

「要想成功，必先練功」——跟著題目練習一遍，趕快開啟變身模式吧！

《轉化篇2》：將事物的性質「轉換變化」的意思。描述事物時，把無生命的物體轉化為人、有生命的人比擬為物體，或是化抽象為具體。概分為擬人法與擬物法兩種。

請運用想像力，把下列狀態用**擬物法**寫成一個最少二十字的完整句子：

例如：

哭得淚流滿面。

答：她哭得唏哩嘩啦，兩行淚水像斷了線的珍珠，一顆顆晶瑩的掛在她哭紅的臉上。

一、殺人犯的心腸很硬，下手很狠。

答：

二、叔叔非常風趣。

答：

三、救難隊長精力充沛，從不休息。

答：

四、媽媽生氣了。

答：

五、哥哥的頭髮很亂。

答：

重點小叮嚀

描寫物品必備三要訣：

感官摹寫＋譬喻修辭＋轉化法

好技巧說明區 四

道理論說
變身篇

許多學生有「論說文恐懼症」，只要看到「論交友」、「談分享」、「挫折與成長」、「我對地球暖化的看法」、「網路霸凌之我見」……諸如此類有「論」有「說」、需要發表自己意見、想法的作文題目時，臉馬上就垮了，怨聲載道：「太難寫啦，題目太硬！」

寫作題型還能分軟硬？論說文難道眞是如此難啃的「硬骨頭」？你也是這類嫌軟怕硬的人嗎？

顧名思義，論說文必須有論點、有說明，又分成「說」明文、跟議「論」文兩種。說明文最簡單，按照想要描述的事物性質、作用、有何價值與意義，說清楚講明白，不用加上任何技巧，也不必有個人意見，流暢的表達出主題「是什麼」、「爲什麼」、「怎麼樣」就行了。像小朋友們喜歡玩的電腦遊戲上附加的說明書、或是家中新添購電器裡的操作手冊或產品說明書、媽媽愛用的食譜……等等，都算是說明文的一種。

議論文比說明文激進派，**必須具體、有力、有想法，端出道理來說服別人。針對主題，不僅得有自己的見識，提出主張讓別人買單，還要證明自己的看法是對的，希望讀者投自己一票，對自己的說法按讚。**

可見，說明文要寫得好，資料蒐集必須完整，常識見解必須豐富，文筆敘述必須清晰。而議論文則強在觀點與看法、辯論與反駁，才能進一步鞏固自己對主題的立場與主張。

說了那麼多，陷入迷魂陣了吧？下面有兩篇文章，分辨看看，哪一篇是說明文，哪一篇又是議論文？

薑荷花

李維倫・新北市永和國中

聽過合體在一起的花嗎？「薑」與「荷花」的綜合體，就叫薑荷花。原本產於泰國清邁，既有野薑花的芳香味、又有荷花的漂亮外貌，所以被稱為「薑荷花」。

薑荷花很受歡迎，可不只一種名稱喔！學名叫做「粉苞鬱金」，還有人叫它「情人花」、「夏日鬱金香」。它長得不高，全株不到一百公分高，葉片呈現橢圓形狀，土下的根莖卻跟薑一樣粗壯肥大，實在很神奇。看起來像花朵一樣美麗，卻屬於薑科鬱金屬。

薑荷花的花苞裡有四到五朵淡紫色的小花，會從下到上依序開放，開花期集中在每年的六到十月，正好是夏季，淡紫色的花瓣迎風搖曳，特別清涼美麗，所以屬於熱帶花卉。但有一點需特別注意：中午過後花瓣就會失去水分，想採摘它們，只能在清晨，可不是隨時想摘都可以摘呢！等花期過了，地面上的莖及葉片就逐漸枯黃凋謝了。

薑荷花不僅好看，也非常有用，能當作烹調時的調味料，更是中藥裡常見的藥用植物，用來治療胸部悶痛、胃腸脹痛、黃疸等等症狀。正因為「中看又中用」，薑荷花在亞洲一帶大受歡迎呢！

（資料取材自：第九八五期國語週刊「我愛農村」版）

怎樣跟朋友相處

黃浩倫・臺北市永吉國小

俗話說：「金錢易掙，情誼難尋。」這句話的意思說明了友情比金錢重要。金錢容易賺到，情誼卻很難尋找。所以只要通過友情的考驗，彼此當了朋友，什麼事都要相信朋友，也不能懷疑朋友。

但要怎樣才能跟朋友好好相處，確保友誼不會變質呢？在這個世界上，沒有人是十全十美的，大家都有優缺點，難免會有意見不合或爭吵的時刻。所以，我們要學習別人的優點，彌補自己的缺點。當朋友跌倒時，要幫助；當朋友功課不會時，要教他怎麼寫；當朋友被欺負時，要挺身而出，去救助他。

在生活中，更要多多自我反省、檢討，不能說朋友的壞話，也不能批評朋友，我們必須以善良、關懷的方式來對待朋友，才能夠跟朋友長長久久。

看得出說明文跟議論文很明顯的不同之處了吧？前者著重資料與知識解說，態度既中性又客觀；後者偏重觀點與意見，態度積極而主觀。

但在寫作中，坦白說，現在已經很少有「純種」的說明文或議論文了，大部分都混在一起參雜使用，有說明、也有議論，統稱爲論說文。好比下面這篇文章：

酒駕問題之我見

李其諭・新北市福和國中

「行車不爭先，事故難出現」，這是一句大家都耳熟能詳的道理，卻還是有許多人無法遵守，造成天人永隔、家庭破碎等等憾事。所以我們應該要時時警惕自己，遵守交通規則，減少事故發生。

根據交通部路政司統計，民國一〇一年到一〇五年間，酒駕累犯違規件數高達二十一萬多件，占所有交通事故的三成左右，這是多麼可怕的數字！這是多麼恐怖的現實！難怪傷亡民眾的人數、悲劇發生的次數不斷增加。

例如：兩名二十歲左右的男性和女性，走在馬路上時，不幸被一名闖紅燈超速的酒駕車輛撞死，造成三方家庭破碎，結果酒駕的中年男子被判七年有期徒刑。讓兩名死者的父母悲痛不已的說，「臺灣的法律就是這樣！兩條寶貴的生命只值七年光陰嗎？」這麼輕的處罰刑責，難怪無法嚇退喝酒上路的人們。

「喝酒開車不上路，代駕安全有一套；交通規則人人守，意外事故不再有。」我們應該要保護好自己，並提醒家人喝了酒就找人代駕或坐計程車，讓大家遠離災難，不要拿生命開玩笑，避免對自己、也對別人造成了永遠無法彌補的遺憾。

裡面不僅引據詳細的資料、同時更提出自己的見解，希望大家遵守，有說明、有議論，這就是論說文了。

想把論說文寫得頭頭是道，祕訣不難，就是：**散列式＋引言法＋事例舉證＋排比句＝擲地有聲的論說文。**

◎跳針式的寫法打前鋒

萬事起頭難，尤其是寫作，有人說，文章開頭最難，不知該寫什麼？

若用「散列式」來寫作，完全沒這層顧慮，只要照著作文題目再說一遍，每段都用相同的文字，看起來好似「跳針」，一再重複說同樣的話，其實每段就是一個獨立的論點呈現。

實際用文章做說明：

不知是誰說過：「友誼使歡樂倍增，悲痛銳減。」沒有真摯朋友的人，是真正孤獨的人，活在這世上，如果沒有朋友，那該多麼不幸呀！

幸福是什麼

吳秉樺．新北市福和國中

幸福是什麼？**幸福是**可以吃得飽、穿得暖，又可以過著雖然平淡卻穩定的日子，這就是一種知足的幸福。

幸福是什麼？**幸福就像**在寒冷的冬夜裡，嚐到溫暖的火鍋；又像在炎熱的夏天，吃到透心涼的冰棒。幸福是一種滿足感，想哭的時候，可以找到幾個好朋友訴苦，然後把滿肚子的委屈全部都發洩出來，宣洩乾淨，和好朋友分享著喜怒哀樂，這也是一種幸福。

幸福是什麼？幸福的感覺，像是飢餓了好多天，終於吃到了一碗飽飯；也像在乾涸的大地下起了滋潤的雨；更像是每天一起床，家人都平平安安的，什麼壞事都沒有發生，這也算是一種安逸的幸福——因為我知道，大家都過得健康又平安。

我的幸福就在我的手掌心裡，我要牢牢把握住幸福，永遠活在幸福的世界裡。

看出來了吧？**每段開頭第一句話，不管作文題目是什麼，照著它再寫一遍就對了**，不用傷腦筋，只要起了頭，猶如扭開水龍頭，緊接著的段落便可文思泉湧，滔滔不絕。**每一段自成一格，圍繞著主題造句發揮，到最後一段再把全部統整做結論**即可，「散列式」就是這麼好用。

◎缺少證據就沒有論點

一篇有力量的論說文，滔滔雄辯，要極具說服力，通常必備三大條件：論點、論據、論證。

論點就是主題，也是文章的靈魂，離了題，寫得天花亂墜都沒用；論據跟論證，簡單來說，就是證據與證明，爲你在文章裡提出的論點打包票。好像在網路上買東西，賣家吹噓產品如何好用，沒有「愛用者」具體推薦，總買得不安心；去大賣場購物，有現場試吃的才會大排長龍。**舉出**

「事例」跟「證據」，才能幫你的論說文掛品質保證。

假設寫作文是在蓋一棟房子，論說文中的論點好比樑柱，「事例」跟「舉證」就是地基，沒有它們在下面支撐，說得再好的論點終究都不夠穩固。下面這篇文章講述「夢想」，雖然頭頭是道，但卻缺了什麼？

夢想

李其諭．新北市福和國中

夢想就像是一張人生藍圖，當我們迷失方向時，能領導我們走向正確的道路；夢想能讓我們創造出完美的未來，帶領我們前往不同的世界。

夢想是隱形的翅膀，帶著我們走向光明的未來，就像一雙翅膀，領導我們飛向屬於自己的一片天。人類因夢想而偉大，所有的成功者，都是夢想家，夢想使我們前進；夢想使我們改變；唯有夢想才能使我們去追求。讓我們重新振作，帶我們走向新的領域，創造自己美好的未來。

夢想是努力的動力，不管是哪一種夢想，都需要努力。只要有夢，每個人都可以改變世界，不要害怕失敗，只要不斷往前衝，抓住夢想，創造屬於自己的一片天，總有一天終會美夢成真。

道理說了很多，沒有真實例子背書，感覺就像空口說白話，缺的正是「事例」跟「舉證」。稍微改動一下，把例證加進文章裡：

夢想

李其諭．新北市福和國中

夢想就像是一張人生藍圖，當我們迷失方向時，能領導我們走向正確的道路；夢想能讓我們創造出完美的未來，帶領我們前往不同的世界。

夢想是努力的動力，不管是哪一種夢想，都需要努力。**例如知名的教育先鋒海倫凱勒女士，雖然她看不到、聽不見，也不會說話，但是她從不放棄，把每天都當成最後一天，努力的過日子，最後終於從大學畢業。即使花的時間比別人長、學得比別人慢，可是她從不氣餒，一步一步腳踏實地，慢慢地往上爬，勇於面對困難，一點一滴的努力，使她緊抓著自己的夢想，成為一位偉大的教育家。**

夢想是隱形的翅膀，帶著我們走向光明的未來，就像一雙翅膀，領導我們飛向屬於自己的一片天。人類因夢想而偉大，所有的成功者，都是夢想家，夢想使我們前進；夢想使我們改變；唯有夢想才能使我們去追求。讓我們重新振作，帶我們走向新的領域，創造自己美好的未來。**正如我自己也有夢，我也願為我的美夢去努力、去追求、去實踐，一步一腳印，向前人學習，慢慢的奠基，築夢踏實。**

只要有夢，每個人都可以改變世界，不要害怕失敗，只要不斷往前衝，抓住夢想，創造屬於自己的一片天，總有一天終會美夢成真。

文章變身了！把偉人和自己都抬進來當例子做類比，論點不僅更穩固，篇幅也變豐富了。

若是想不到任何的偉人事蹟當作下筆的素材，腸枯思竭時，**舉自己親身經歷來印證主題**，也是不錯的寫法。例如：

成功與失敗

邱紫綺・新北市私立竹林中學

成功會讓人快樂似神仙，失敗則讓人跌入痛苦的深淵，大家都喜歡成功，不喜歡失敗。

以我來說，學校每學期都會舉辦八百公尺的跑走競賽，小學四年級上學期的我，就像一隻弱不禁風的小綿羊，跑都跑不快，屢次挑戰失敗，真的很痛苦。但是經過練習之後，四年級下學期，再一次挑戰八百公尺跑走時，我感覺自己像一隻飛躍的羚羊，跑得跟風一樣快，綿羊變身成獵豹，我成功了！

沒有失敗，哪來的成功？成功是由百分之九十九次的失敗經驗組合而成的，如果大家都沒有品嘗過失敗的滋味，那就不可能知道成功的可貴與喜悅。

當你遇到挫折時，請不要放棄，要繼續走下去，像我一樣，我也是走過谷底，才攀上高峰，歷經汗水洗滌後，感受到的成功滋味，那是一件多麼值得開心的事情啊！

讚美的力量

鄭宇和・新北市私立竹林中學

讚美，是一種讓人重振士氣的靈丹，也是肯定我們價值的妙藥，帶給我們一道曙光，引領我們在黑暗中前進。讚美是一股無形的力量，總能撼動人心，讓人成就一番事業。

讓我深深體會到這股力量的人正是我的導師。記得五年級下學期時，原本成績名列前茅的我，卻突然失去自信。期中考時，我自信滿滿，心想著自己勝券在握，冠軍的寶座勢在必得。豈料，隔天我赫然發現自己數學才八十五分，只是低空掠過而已，差強人意。「天啊！這是什麼爛成績！真是讓人失望透頂！」因為許多題目不是不會算，而是粗心大意，計算錯誤，因而大意失荊州。從此以後，我的心情盪到谷底，如鐵塊般沉重，並把數學列為拒絕往來戶，發誓從此不再練習它。

但是，我覺得就算挫折再大，也不能有鴕鳥心態，於是我卯足全力練習數學，希望能讓成績排名落後、總分一落千丈的我，在期末考力挽狂瀾，反敗為勝。六月中複習考登場，我看著複習考進度表，心中充滿了無限問號，不知道自己能不能記取教訓？怕往事重蹈覆轍，糗事捲土重來，我的心裡好比十五個吊桶——七上八下，總覺得考試的鐘聲就像催命鐘一樣恐怖，考卷就像大魔王一樣，想讓我粗心，最後抱鴨蛋回家。在這段期間，我的心情猶如「晴時多雲偶陣雨」，起伏不定。最後，我在十張複習卷中拿到九張一百分，這成績讓大家跌破眼鏡！導師也讚許我：「你好棒！竟然在複習考考出這麼好的成績！但是，你一定要細心，千萬別在期末考發生莫非定律，因而屢戰屢敗啊！」

導師的讚美就如同醍醐灌頂，讓我重拾自信，摩拳擦掌，蓄勢待發，謹慎面對近在眼前的考試。考試結果揭曉，我以四百九十三分獲得第一名，當下雀躍不已，我終於成功了！而後，我在六年級時蟬聯冠軍寶座，並得到「學霸」的稱呼。這種被導師稱讚、苦盡甘來的感覺，絕非筆墨所能形容。

這件事不僅讓我刻骨銘心，也讓我步出心中的象牙塔，走向更璀璨的未來，更讓我了解讚美的意義。讚美是一種無形的禮物，在他人垂頭喪氣時，我們只要發現他的優點，並對他說讚美的話，便能讓他重新抬頭，找回自己的人生方向。「說好話如口吐蓮花」，一句讚美的話價值連城，就像太陽高掛在天空中，照亮世界上的人們，使每個人都能受到關懷，社會也將充滿和諧、歡樂的氣氛。謝謝老師慷慨的讚美，讓我重獲前進的力量！

◎找古聖先賢作代言人

商家推出新產品時，總是找名人做代言人打廣告，好像透過他們吃過、喝過、用過、穿過的東西就特別好——寫論說文也需要找代言人，讓他們推薦你的觀點、爲你站臺。找誰呢？古聖先賢曾經說過的話，就非常加分，這叫做「引言法」，又稱爲「引用法」，只要是**在文章中引用俚語俗諺、成語詩句、古書典故、名言佳句……等等，都可以增加自己文章的氣勢。**

使用時若記得是誰說的、出自何處，就**明白寫出所引的話出自於什麼人、哪一本書上，別忘了多加上下引號特別標註起來，這叫「明引法」**，像這樣：

孔子說過：「吾日三省吾身」，所以我們要常常自我檢討，改正缺點，才能永保進步的動力。

若是忘記哪位古聖先賢說過的話、也記不周全整句話、只知道大概意思時，就**省略人名，直接用「古人說過」、「有句話說」、「俗話說的好」、「曾經聽過一句話」……再加上冒號後把名言裝在上下引號裡寫出來。或者是直接用在文章裡，省略掉出處也不加引號標示，**例如：

益友與損友

廖柏鈞．新北市民安國小

人生不能缺乏朋友，但是選擇朋友需要小心謹慎，不然**一失足成千古恨**，交錯朋友會讓人後悔莫及。

所謂的益友，他們通常做事克盡職守，可作為**他山之石**，當作我們的模範；而損友不但不能夠分享他們的喜悅，還會充滿陷阱的陷害人，導引前往壞的方向走，讓人掉進萬丈深淵無法翻身，那是多麼可怕的境地啊！

俗話說：「君子之交淡如水，小人之交甜如蜜。」有些人會對你甜言蜜語，但並非是好人；有些人會對你提出建言，對你很不客氣，但其實是為你好，不能只看外表來選擇朋友。

君子忌苟合，擇友如求師，選擇朋友是一門大學問，希望在我的一生中，周遭都是益友來陪伴著我。

說話的法則

吳宥頡・臺北市大直國中

俗話說：「舌頭雖軟，卻能傷人。」可想而知，只要話說得不恰當，就容易惹禍上身，正所謂病從口入，禍從口出，所以必須謹言慎行。又有人說：「一句話說得合宜就像金蘋果落在銀網子裡。」所以在對的時機、場合說出適當的話，就會有不同凡響的效果。

「說出去的話，像潑出去的水，覆水難收。」話不能說得太滿，朱子治家格言說：「凡事當留餘地，得意不宜再往。」還說：「處世戒多言，言多必失。」所以，說話前要先想清楚。「良言一句三冬暖，惡語傷人六月寒。」回答柔和，使怒消退；言語暴戾，觸動怒火。要評論別人時，不能一味的批評，要適時的讚美、褒獎；如果話說得更過分一點，可能會引來禍害。「做不到的事不要說，說不出口的事不要做。」

牛皮吹得太大也是會破的，出賣良心的事總有一天也是會被發現的。

「說實話，不說大話；說真話，不說假話。」做人講求誠信，說了一個謊就要用另一個謊來圓。話多不如話少，話少不如話好。「會說話的，想了再說；不會說話的，說了再想。」三思而後行，說話也一樣，說話太多，言多必失，想到事情時，先不要急著說，說話是要經過大腦的呀！

加深部分都是古聖先賢說過的話，像這樣**不加註上下引號直接引用在自己的文章裡，叫做「暗引法」**。

雖然引用名言佳句，能帶來字字珠璣的效果，但若不飽覽群書、增加詞彙量，名言又從哪裡蹦出來呢？

唐代詩人李賀，號稱「詩鬼」，是早夭的天才，據說常騎著一匹瘦馬，背個破錦囊，四處遊覽。一路上看看山看看水，靈感一來，立刻記在紙上，丟進破錦囊中。等回家後，飯也不吃，先倒出錦囊中的紙條整理，再記錄下美好的詩句，李賀的母親心疼他的身體，感慨的說：「我的兒子爲了創作，能把心肝都嘔出來！」

蒐羅佳句，一般人當然做不到像李賀那般廢寢忘食，嘔心瀝血，但平常準備一本「隨手記」，把看到的名言佳句記下來；或是利用智慧型手機開一個「筆記本」隨時複製保存起來，等到要用時就不怕肚內文墨空空啦。

◎氣勢驚人的排比法

看到兩個長得一模一樣的人走在一起，我們往往會多看一眼；若是三個同樣長相的人站在一起，「哇！」肯定要迎來眾人意外的目光——排比句型，正是文章中的「三胞胎」，結構相同，語氣一致，字數類似，有秩序的排排站著。

看看下面小朋友創作的句型，一個接著一個整齊排列著，氣勢多麼驚人：

你是一盞只屬於我的燈，**豐富了我的人生，打開了我的心房，開拓了我的視野**。你增進了我的知識，你帶領我走進一個我看不到的世界，陪我度過我的童年，走向未來的道路。你**是黑暗的終結者，是沮喪時的興奮劑，是恐懼中的定心丸，是寒夜裡的一碗熱湯，也是我挫折時的激勵者，更是迷惘時的指南針，燈啊燈，謝謝你。（李其諭．新北市福和國中）

我的學校就像一座圖書館，裡面有看不完的書；我的學校又像一座花園，因為有很多五彩繽紛的花朵；我的學校更像博物館，有數不清的知識。我愛我的學校，我的學校好像大賣場，每天都很熱鬧。（高晟軒．臺北市博愛國小）

錯別字，是道路上的障礙物，是冰箱裡過期的食物，是一棵高大威武樹上一隻隻令人厭惡的樹蟲。錯別字，是我最大的敵人，把閻羅王寫成「研羅王」、或者把警察寫成「警查」、甚至把必須寫成「必需」……這些早就是我的家常便飯了，它們是害我文采斐然的作文變得雜亂無章的凶手。（馬鈴茜．新北市福和國中）

爸爸像什麼？爸爸好像一顆轉不停的陀螺，每天為我們努力工作；爸爸也像一位勇猛的士兵，守護著家庭的安全；爸爸更像一本無所不知的字

典，每天回答我們的問題。（李玟靚・新北市永和國小）

媽媽，謝謝您的包容，讓我變得堅強；謝謝您的包容，讓我變得自立；謝謝您的包容，讓我變得懂事。媽媽，祝您長命百歲，平安健康。

（孫伯汶・新北市永和國小）

相同的句型，重複的用語，跟疊句有點像，但排比句更進一步，必須**累積三句以上，一而再、再而三，強調語句的意思**，就好像鬧鐘響鈴了三次，不注意它都難喔！**放在文章尾巴做總結，特別有力量。**

下面這篇文章，以去年臺灣人民票選出來的年度代表字「疫」自由聯想，自訂主題，寫出自己獨特的想法。請試著從裡面找出散列式、引用法與排比句型，在句子的旁邊畫線並詳列清楚喔！

悲

吳宥頡・臺北市大直國中

悲，今年的許多事物讓人憂傷、讓人心痛，讓人惶恐、讓人擔憂，這諸多的事情讓人感覺今年是多災多難的一年，彷彿是世界末日的前奏，滅頂之災的開場，使這片土地上的人異常恐慌，也為這世界唱起一首悲歌。

悲，已經持續了兩年多的疫情，新冠肺炎肆虐全球，死的死、病的病、傷的傷，各國的慘況不堪入目，讓身在安全小島——臺灣的我們，多了一絲慶幸，也多了一絲憐憫。反觀很多世界上的藝人、名人，甚至國家的元首、領袖和一些有頭有臉的政府官員都染疫了，醫生忙得不可開交，連吃飯、上廁所的時間都沒有，不禁讓人為醫護人員的身體健康擔憂。

悲，今年在臺灣，也有非常多的藝人、名人，因為各種各樣的原因死亡，除此之外，社會上甚至發生許多人心惶惶的各類犯罪事件。病毒威脅更是一波未平，一波又起，世界秩序亂成一團，令大家煩惱今後地球將會變得如何？各國人民也在擔心自己國家的走向。

悲，如今的地球呈現衰敗，不單單受疫情的影響，人類本身自己種的惡果可能也牽扯其中，不過，「危機正是轉機」，不是有句話說：「冬天來了，春天還會遠嗎？」從谷底攀升，轉悲為喜，明年的新希望、新契機、新力量，將因此更讓人期待。

好功夫磨練區——變身高手練功房

「要想成功，必先練功」——跟著題目練習一遍，趕快開啟變身模式吧！

《引用篇》：又叫「引言法」，在文章裡引用、摘錄古聖先賢或名人說過的話，包括詩詞經文、古籍典故、成語格言、俚語俗諺等，讓文章更有說服力。使用時要加上下引號。

(1) 請選出適當的名言佳句，將代號及句子填入（　　）中：

A. 一寸光陰一寸金，寸金難買寸光陰。

B. 近朱者赤，近墨者黑。（傅玄）

C. 良言一句三冬暖，惡語傷人六月寒。

D. 世界上最快樂的事，莫過於為理想而奮鬥。（蘇格拉底）

E. 精誠所至，金石為開。（莊子．漁父）

F. 勿以惡小而為之，勿以善小而不為。（朱子家訓）

G. 少壯不努力，老大徒傷悲。（漢樂府）

H. 玉不琢，不成器；人不學，不知義。（三字經）

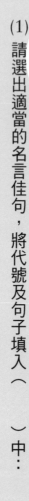

I. 黑髮不知勤學早，白髮方悔讀書遲。（顏真卿）

J. 讀萬卷書，行萬里路。（劉彝）

K. 人不可貌相，海水不可斗量。

L. 福無雙至，禍不單行。（施耐庵）

M. 要在這個世界上獲得成功，就必須堅持到底：至死都不能放手。（伏爾泰）

N. 良藥苦口利於病，忠言逆耳利於行。

O. 由儉入奢易，由奢入儉難。（司馬光）

P. 世界上有一種最美麗的聲音，那便是母親的呼喚。（但丁）

例如：

別看他又醜又矮說話又結巴，卻是得過好多獎項的大發明家呢！古人說（　　　　）
，一點也沒錯。

答：別看他又醜又矮說話又結巴，卻是得過好多獎項的大發明家呢！古人說（K.人不可貌相，海水不可斗量），一點也沒錯。

一、看你成天閒逛，像遊魂似的晃來晃去，時間都被你浪費掉了，正所謂（　　　　），你難道不怕將來一事無成嗎？

二、（　　），陳阿姨聽說前陣子剛出車禍，現在竟然又被診斷出癌症末期，唉！真是不幸。

三、老師嚴格的教導我們，是為了端正我們的言行。即使說話嚴厲了些，也是為我們好。你沒聽過（　　）的道理嗎？

四、要謹慎的選擇朋友，否則（　　），被壞品行的朋友帶著走上歪路就糟了。

五、讀死書是沒用的，也要經常接觸大自然，走出戶外看看這個美麗的世界，（　　），開拓視野，心胸才會更廣闊呀！

五、時間像流水一樣一去不回頭的，（　　），善用時間的人才是世上最聰明的人。

(2) 請利用剩下的名言佳句，任選五句寫成流暢的引用句：

一、

二、

三、

四、

五、

好功夫磨練區——變身高手練功房

「要想成功，必先練功」——跟著題目練習一遍，趕快開啟變身模式吧！

《排比篇》：把三個或三個以上意義相關、結構相同或相似的語句並排在一起，接二連三相連，表現出句子的氣勢。例如：一日之計在於晨，一年之計在於春，一生之計在於勤。

請用提供的語詞，寫成一個完整的排比句：

例如：

有時……，有時……，有時……

答：那雨滴四處飛濺，有時跳上屋頂，有時跳到窗邊，有時跳往樹梢，身手敏捷快速，轉眼間大地都溼了。

一、有的……，有的……，有的……

答：

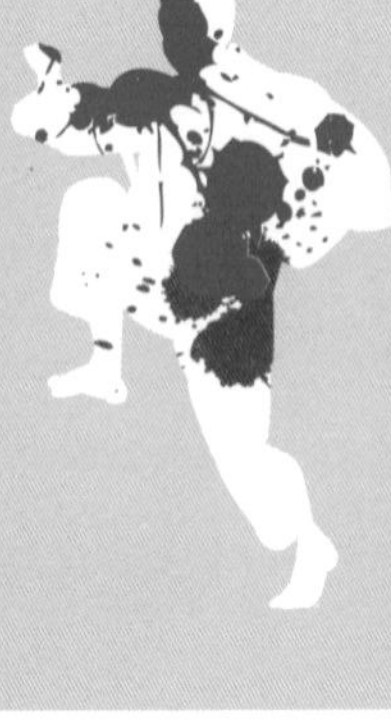

二、藍藍的天，白白的雲，綠綠的地

答：

三、我喜歡……，我喜歡……，我喜歡……

答：

四、一樣的……，一樣的……，一樣的……

答：

五、越來越……，越來越……，越來越……

答：

重點小叮嚀

論說道理必備四要件：

散列式＋引言法＋事例舉證＋排比句

好技巧說明區 五

景點觀察

變身篇

參加學校的校外教學或課外活動，隔天免不了要交一篇旅遊心得或小日記，經常出現像這樣的句子：「這地方的景色眞好看」、「這地方眞好玩」、「沿途的風光很美麗」、「希望我下次還能再來玩」……十篇中至少有五篇說相同的話。

除了「好看」、「好玩」、「美麗」、「下次再來玩」之外，描繪景物，難道就沒有其他的形容詞了嗎？那豈不是走馬看花，入寶山空手而回囉？

千萬不能讓大自然笑我們「瞎」——美景當前，白白當了睜眼瞎子。這一篇章，要來教大家如何豐富的描繪地方景色，讓靜態的景象「動」起來，彷彿帶領讀者身歷其境，跟著你的文章也去當地旅遊了一番呢！

◎空間順序的觀察法

到達一個地方，放眼望去，三百六十度大廣角，四面八方，範圍這麼大，該從哪裡下手形容呢？

好比到公園寫生，一張圖畫紙，整張空白，從何畫起才好？是先畫涼亭呢？還是荷花池？或是在走道散步的人們？誰在前？誰在後？誰在左？誰在右？誰畫大？誰又該畫小呢？

正如畫圖之前要先「構圖」，描繪景點也得先「構景」——把景物按照先後層次分類，一層一層的敘寫，化繁爲簡，**寫作祕訣就是：空間順序＋時間順序＋情景交融＝最佳景點描寫。**

先說空間順序，有「定點觀察」跟「走動觀察」兩種寫法。

所謂**「定點觀察」，就是站在固定一個地方向前看，**把自己雙眼當成手機的鏡頭，眼前看到的景物區分成上下左右四大區塊：**可以由遠而近描寫、或是由近而遠來寫，**自然就會產生先後遠近的漸層感；**或者是由左而右、由右而左；由上而下抑或由下而上，是要仰望、還是俯瞰，**視哪一邊的景色最打動你來論先後寫作順序。

選一個風景區來做說明：若是到臺灣東部景象恢弘的太魯閣遊玩，遊記這麼描寫就「弱」掉了：

好不容易到了太魯閣，風景真美呀！美得嚇死人，到處都是石頭跟山壁，我們一直走路，累得要命，好像被一堆石頭包圍了。

「美得嚇死人」的標準是什麼？到底有多美？具體描述只有「到處都是石頭跟山壁」，實在稱不上美。而且還被它們包圍！是在拍恐怖片嗎？快讓「定點觀察」上場吧：

太魯閣國家公園是世界上數一數二的峽谷地形，也是臺灣極負盛名的旅遊景點之一。從白楊步道**往上看**，是晴空萬里的藍天，**左看**是陡峭的山壁，**右看**是布滿藤蔓的大石頭，**下看**則是猶如藍綠寶石顏色的河流，靜靜地流動著。一旁的小草帥得閃花你的眼，在這好山好水的地方，令人感到心曠神怡，心情無比的舒暢。（胡詔凱．臺北市民權國中）

感覺不同了吧？以步道爲定點，觀察上下左右的美景，加上形容詞寫出來，美景氛圍瞬間提高好幾個級別。

除了定點觀察，還可以用**「走動觀察」描寫法。顧名思義便是「邊走**

邊看」，走到哪裡描寫到哪裡，好像是拍片的導演，把攝影鏡頭帶著往前走，這樣的描述手法更自由，呈現出來的空間感更加靈活。

以校園做例子，在寫「我的校園」、「校園一角」、「我最愛的校園一景」……之類的作文時，常常看到這樣的敘述：

我的校園很漂亮，有個大花園，也有很多教室跟大樹，還有圖書館跟大操場，裡面有很多像我一樣的學生，我愛我的校園，它陪伴我長大。

這不是在說廢話嗎？哪一間學校不是有花有樹有教室有學生？「長得一樣」的重點，就不算重點啦。讓「走動觀察」法幫幫忙吧：

從踏入學校的第一步開始，就看到鬱鬱蒼蒼的大樹。**緊接其後的**，就是整個主要的學區，那是一棟巍然屹立的五層樓建築物，也是孕育莘莘學子的神聖地方。

右側是一片廣闊的空地，那是大家放鬆身心的所在，很多人都會到此來大展身手。**往左方走去**，就是學校集合幹部的天橋，每當校方有重要事情要宣布時，就會召喚班上的重要幹部到此處來。**穿越大門右轉後直走**，便是學長姊們最愛消磨時間的操場，常常鐘聲都尚未響完，就已充滿了人潮。

不能漏掉的風雨操場，是學校集合大家的場所，也是學長姊們打排球的好場地，常常傳來你來我往的歡笑聲，我最常流連的地方則是教室，我在這裡獲得知識，也和同學們在這裡談笑風生。（孫竟宸．新北市福和國中）

從踏進校園開始做實地導覽，次序井然，學校的格局方位是不是因此一覽無遺了呢？等於是幫沒去過的人做校園導覽呢：

我的校園是新莊的民安國小，從**大門進去**，首先會看見「民安廣場」，**左邊**是開闊的體育館，**前面**是潔白無瑕的南瓜馬車，**往前走**則是各種運動遊戲都適用的前操場，**左右兩側**則是書聲琅琅的教學大樓，在走廊上可以聽見學生的歡笑聲和老師的訓斥聲。（廖柏鈞．新北市民安國小）

觀景窗隨著步伐開展，一幕接著一幕，一個畫面過渡到下一個畫面，要使用連接詞有順序的承接介紹時，千萬不要每一句都是「然後」、「然後」……然後個沒完沒了。可用：**首先、其次、接著、再來、然後、最後、結果……等等語詞交替代換，句子前後連接時才不會一再說重複的話。**像這樣：

下車後映入眼簾的景色，讓我目不轉睛，陽明山之旅正式開始。我們沿著人山人海的步道行走，**首先**，如地毯般的草地，一片綠草如茵，嫩嫩的草，洗滌了我的眼睛。啾啾的鳥叫聲不停的吟唱，配上千姿百態的花兒。遠處，我看到巍巍聳立，卻好像沉睡一般的大屯火山。**然後**我發現許多曲徑通幽的小路，四周排滿了各式各樣的攤位，叫賣聲不絕於耳，增添不少熱鬧氣氛。**再來**，我們來到觀光客絡繹不絕的必去景點——花鐘，建於民國五十四年，並在民國八十三年翻修，花鐘裡群芳爭豔，萬紫千紅，形成郁郁青青、繁花錦簇的美麗畫面。在這不到五十公尺的花鐘周圍，擠滿了遊客，大家爭先恐後的用相機拍照，想把花鐘的美景收藏起來。**最後**，我們繼續往山上走，走到直達青春嶺的山路，在狹窄的登山步道上，**仰望**如魔術師般千變萬化的白雲，**俯瞰**水波蕩漾的湖泊，中間點綴著人來

人往的橋，大自然美不勝收，彷如畫中的景色一般。（鄭宇和・新北市私立竹林中學）

這種空間變換的描繪技巧可以套用在任何景點，包括各種類型的博物館、展覽館，例如海生館介紹：

首先，一進入大門，有數不清的魚缸，各種魚類熱情的迎接我們，向我們打著招呼。五顏六色的魚，有紅的、綠的、藍的……每隻魚都悠游自在的游著，彷彿來到了美麗的海洋世界。**接著**，重點來了，一座巨無霸魚缸聳立在我眼前，高度直通天花板，寬達三臺大卡車左右，充滿我整片視野，至少有成千百萬的魚種，有大有小，奇形怪狀，其中最特別的，應該是一隻身形巨大，雄踞整個魚缸的豆腐鯊，簡直是水中帝王。**再來**，有一場餵食秀，餵食人員穿著潛水裝，撲通跳進水裡，把美味的佳餚灑在水中，圍觀的讚嘆聲此起彼落，餵食人員和魚之間激起陣陣漣漪，魚兒們就像久未吃東西的小朋友，紛紛湧上，在餵食員旁圍成一圈，人與魚和平共游，真是海底奇觀。（曾莨豈・臺北市石牌國中）

如果寫作地點改成自己的家，適用觀察法嗎？當然可以！

走進家門，映入眼簾的是萬紫千紅的蘭花，一排又一排的書法字幅，及桌上的茶具，形成一幅優雅且美麗的景象。**提步向前**，會看見一條長椅，雖然老舊，但其實是以非常高級的木材打造而成的古董，而且至少有百年的歷史喔！**再往前走幾步路**，有三幅古畫，第一幅是壯觀的山水畫，裡面的山層層疊疊，十分震撼；第二幅是一大片清幽的湖光山色，看了使人心情舒暢；第三幅則是莊嚴的觀世音菩薩，畫技高超又細膩，心情一片祥和。**接著從旁邊的樓梯往上走**，打開燈，是安靜肅穆的佛堂，每一尊佛像，法相莊嚴，兩旁陳設著各種不同樣式的字畫，這樣的氣氛，誰會不想上前膜拜一番呢？**再來，往右邊的走道**，會進入一間臥房，裡面十分整潔，衣服的擺放也井然有序，這到底是誰的房間呢？沒錯，就是愛乾淨、又會整理的姑姑的房間。**然後往前走**，會看見一個古色古香的梳妝臺，以及一個巨型的衣櫃和大蚊帳，這麼復古的房間是誰的呢？是我的奶奶。**最後**，當然就是我的房間，裡面有個小書桌，**左邊**是一張舒適的大床，**右邊**

則是衣櫃，雖然小，卻是我自由自在的天地。（林紳富．新北市福和國中）

什麼時候該用定點觀察？什麼時候又該用走動觀察法呢？一般來說，戶外視野開闊，適合走動式觀察；室內空間固定，用定點式觀察較全方位。但老實講，寫作是一件非常自由的事，沒有絕對的標準答案，還是要依據現場地點自己評估運用喔。

比如剛剛描述「我的校園」，屬於大範圍，就用走動觀察法；若縮小場景侷限在「我最愛的校園一角」，就不妨用定點觀察法做描寫，好比以下這一篇，用定點法介紹校園裡的圖書館：

我的學校位於繁忙的都市，是麻雀雖小，五臟俱全的國語實小。校區裡有自然教室、資訊教室、音樂教室等等，其中，我最喜歡的角落是圖書館。

圖書館裡的書籍應有盡有，琳瑯滿目，每當我一踏進圖書館，便看到八大行星以及太陽，因為它就是校園最有名的「探索星球」。每次看書時，我有如置身外太空中，享受宇宙般永恆的寧靜，總是沉浸在書中，常常會讀到忘我呢！

一走進圖書館，**前方右側**是體驗區、總類、自然與科學類；**左側**則是雜誌類、英文繪本類、讀本類。**中間**是讓我們放置書本的桌子，**後側**是班書區、語文類以及閱讀區。規劃完善，設備十分齊全，凡是你想得到的書，幾乎在這裡都能找到。

圖書館是我的精神食糧，有了它，我的頭腦充滿來自世界各地的知識，這就是我最愛的校園一角。（陳芊穎．臺北市中山女高）

◎時間順序的摹寫法

早上去溪邊抓螢火蟲、日正當中去逛夜市、七月上合歡山看雪花飄飄、正中午去阿里山看日出……有沒有感覺怪怪的？答對了！通通在不對的時間做不對的事。

描寫景點時，空間感固然重要，時間對了，文章的時序感才能跟著也對了。千萬別說六月要去奧萬大國家公園欣賞楓紅層層，楓葉還綠著呢！

時間順序，正是**遊記類寫作應包括的一環**，特別像是日出日落、四季交替、海邊潮汐、植物成長……這些有時間變化的作文題型。你看鄉間農田，春天播種，夏天耕耘，秋天豐收，冬天休養，景色從一片綠油油到一片黃澄澄，空間隨著時間改變，景緻又怎麼可能相同呢？

同一個地點，因時間點的不同，不僅景象翻新篇，心情感受也跟著不一樣了，心隨境轉，春夏秋冬季節流轉，形象的轉變是十分鮮明的。

「五柳先生」陶淵明曾寫過一首「四時」的詩：「春水滿四澤，夏雲多奇峰，秋月揚明暉，冬嶺秀寒松。」正是告訴我們大自然景觀隨著節氣改變了。所謂「春有百花秋有月，夏有涼風冬有雪；若無閒事掛心頭，便是人間好時節」。順應時間流逝，留心萬事萬物的神態，描寫出來的景物才不會每時每刻都像複製品般缺少變化。

之前示範過的「我最愛的校園一角」，如果改用時間爲軸心來描寫，會變得如何呢？

我所就讀的小學名叫永和國小，這所小學麻雀雖小，五臟俱全，有圖書館、籃球場、躲避球場、生態園區……想得到的？通通給你！學校裡的設備包羅萬象，一應俱全，但我最喜歡的卻是一片小空地，它位於體育樓前方，是校園中不起眼的地方。

這裡有好幾棵茂密的大樹，**夏天時**，可以躺在樹下休息，或是和同學玩球；**冬天時**，有大樹遮蔽寒風，我常在樹下打混摸魚吃點心，是我低年級時最喜歡造訪的地方。**現在，我升上中年級了**，仍會約同學在那兒談天，順便向以前教過我的導師問好。

空地的旁邊有一個溜滑梯，那是小朋友的聖地，只要一下課，總有許多同學跑來玩耍，雖然人頭湧動，但大家都很守規矩，不會你爭我奪，有時校長也會出現和我們一起踢足球，大家都很驚喜，下課時充滿笑聲。

我在體育樓前這片空地，不管**春夏秋冬**，度過了無憂童年，傷心的時刻、徬徨的時光、歡樂的瞬間。這裡有我種種的回憶，許多難忘的點點滴滴，這是我最愛的校園一角，我將把它刻印在心底，永遠不會忘記。（林佑恂．新北市永和國中）

即使縮小時間範圍成一天的變化，從早到晚，同一個地點也不可能如出一轍毫無變化，比如去阿里山玩，旅遊心得這麼寫道：

早上的阿里山，霧好大，而且很冷，一直到下午，霧才漸漸散去，我和家人去看了傳說中的神木，好高啊！走著走著就差不多傍晚，我們吃了晚餐後已經天黑，大家回房間休息準備明天去看日出。

雖然也是從早到晚的記錄，感覺卻像在記「行事曆」，什麼時間做什麼事，死板板，一點「人」味都沒有。換一下寫法：

早晨，輕煙繚繞的霧朝我而來，景物都朦朦朧朧，人變朦朧了，山變朦朧了，景也變朦朧了，這裡彷彿是天庭，景色美不勝收。**下午**，我們去走神木步道，裡面有百聞不如一見的紅檜林區，一棵比一棵高聳，撲面而來就是芬多精的味道，呼吸起來非常的舒爽，洗去都市裡的塵囂。遠遠望去，就能看到一棵高出天際的參天大樹，上面牌子標示著，這棵紅檜已經存活了一千年以上，原來這就是遠近馳名的阿里山神木啊！**晚上**吃完飯，全家在夜色下散步，夜闌人靜，星光點點，阿里山的天空，連夜色都這麼澄淨明亮。（張愷庭．臺北市大龍國小）

早晨有薄霧、下午看神木、晚上有星空——掌握住每個時間點的景觀特色，打開感官接收器，看一看、聞一聞、聽一聽，用摹寫法盡情描述，視覺、聽覺、嗅覺、觸覺通通用上，這樣的畫面才能深深的走進讀者心裡。

就算是在家裡附近好了，日常所見，早上晚上各不相同，出入的人變了，畫面自然也跟著變了：

常常來阿嬤家玩耍，她家前稍微走幾步路，會看到一個熱鬧的小公園，**早上**時常有一些阿公阿嬤在認真的做體操，或談天或說地；**下午**則是小朋友在追逐嬉戲。那裡有一大片綠油油的草地，**假日**能在上面野餐，也有我叫不出名字的花，風輕輕的吹，隨風擺動著，真是美不勝收。**傍晚時**分，往右邊走，就有一個人聲鼎沸的夜市，每當我在阿嬤家肚子餓時，都會去夜市逛逛買東西吃，有火鍋店、各式各樣的小吃、果汁攤、還有電器行呢！東西多得不勝枚舉，人潮洶湧，人來人往，像螞蟻一樣多，走在裡面，差一點看不到前面的路了。（陳育信．臺北市永樂國小）

（曾莒豈・臺北市石牌國中）

去海生館參觀，不只描繪生動美麗的魚兒們，聯想到該還給牠們自由，有了深刻的省思。

這一片既漂亮又舒爽的國家公園內，有許多的景點，但我最愛的則是壯觀的水濂洞。路途中有五到六個隧道，裡面躲著一群群的蝙蝠，每隻都縮著身體，倒掛在陰暗的洞窟裡，猶如正在冬眠的棕熊，大家都看得目不轉睛。而最吸引我目光的水濂洞，淅瀝瀝垂掛而下的水幕，非常的冰涼，而且還要走進深深的洞穴中才看得到，這一刻，我彷彿化身為西遊記中的孫悟空了。

經過這次旅行，我體會到在大自然面前，人類是多麼渺小，這一片不經雕琢的美景是多麼不易。我們要好好愛護大自然，不讓它受到任何的傷害，上天的恩賜才能世世代代永遠留在臺灣這塊土地上。（胡詔凱・臺北市民權國中）

到太魯閣國家公園不僅去玩、去看、去欣賞，還聯想到如何去保護愛惜它，遊記就有了深一層的意義。

緊接著這篇文章，同樣是去太魯閣遊玩，能看出來運用了哪種觀察法嗎？哪些地方有感官摹寫呢？哪些句子借景抒情了呢？請把它們一一找出來，並畫線標示清楚喔！

難忘太魯閣峽谷

蔡宇威・新北市永和國中

鬼斧神工的雕刻、尋幽探勝的祕境、氣象萬千的景象，加上潺潺的流水聲，簡直是世外桃源。這場景時時刻刻浮現在我腦海中，就是令人難忘的太魯閣峽谷。

一踏進園門，映入眼簾的是雄偉的峽谷，有條蜿蜒的步道沿著山壁而建，從步道上朝下俯瞰，人類顯得渺小極了。往前走去，峽谷表面噴出一股氣流，在烈日的照耀下，形成一道絢麗的彩虹。往下一看，溪流滔滔不絕流向天際，帶動著許多鋪陳在河底的石礫，有的尖、有的圓、大小不一，這片日積月累的沖積景象，象徵著大自然無窮的力量。

太陽無聲無息的偷偷移動著，溫暖的陽光彷彿歡迎我的到來，我站在峽谷上眺望著一望無際的太平洋，蔚藍海岸，海闊天空，讓人心曠神怡。見海鷗毫無畏懼的向下俯衝，飛上來時，嘴中已叼著肥厚的魚大快朵頤，一副神色自若的模樣。一旁雄偉的老鷹，張起雙翅，雄踞在天空，時而俯衝，時而盤旋，彷彿是高傲的勇者，四處偵查，守護著天空的安危。

人的胸懷因視野而寬廣，這趟太魯閣峽谷之旅，讓我了解任何事都要看大局，不能執著於細部，世界之大之廣，超乎想像；做事情也要有彈性和韌性，懂得隨機應變，向自然學習，才是成功不二法門。難怪古人說，「讀萬卷書，不如行萬里路」，太魯閣啟發了我，難忘太魯閣！

重點小叮嚀

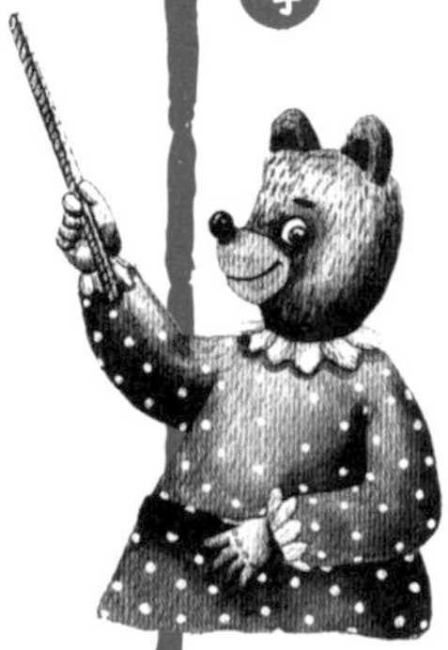

景點觀察必備三口訣：

空間順序＋時間順序＋情景交融

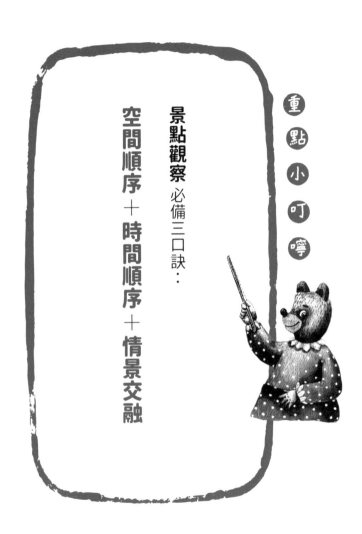

好作品觀摩區 一

論說文篇

國中生的苦與樂

高銘陽・臺北市建國高中

大家吃過甘蔗嗎？甘蔗頭布滿了根鬚，又苦又硬又澀，只有田裡的老鼠喜歡啃。去買甘蔗時，因為沒人愛吃，老闆一定主動幫你砍掉。我的國中生活就像那甘蔗頭，不僅無絲毫甜分，一口咬下還差點崩斷牙齒，讓人吃盡了苦頭。

剛從小學升上國中，我的睡眠時間好像被人偷走了，起得比太陽還早，卻要與星月同歸。天天頂著熊貓眼上學，回家吃晚飯變成不可能的任務，考試更是家常便飯，每天都有上不完的課、背不完的書、寫不完的考卷，你說這甘蔗苦不苦？

就在這種緊湊又忙碌的生活中，我學到苦中作樂。上不完的課，帶給我充實的知識，開啟了我的視野；背不完的書，使我擁有充沛的學識，豐富了我的世界；寫不完的考卷，磨礪我的耐力，歷練了我的心智。漸漸脫離國小時的稚嫩與生澀，感覺自己長大了，你說這甘蔗甜不甜？

真正的快樂，不只是單純的感官享受，心靈的收穫應更加甜美。吃過甘蔗頭的苦，才能品嚐出甘蔗尾的甜。胡適先生曾說：「含淚播種者，必當歡呼收割。」告別了剛開始的苦澀，我現在進入倒吃甘蔗的佳境。國中生活才正要開始，且讓我慢慢品嚐，一口一口體驗國中生活的苦與樂，請大家為我加油吧！

文章的亮點：運用「苦」與「甜」的映襯對比效果，先苦後甜層層遞進，描寫出國中生活的「悲」與「喜」，排比句型豐富多樣。

可以模仿的佳句：「每天都有上不完的課、背不完的書、寫不完的考卷」、「國中生活就像那甘蔗頭，不僅無絲毫甜分，一口咬下還差點崩斷牙齒，讓人吃盡了苦頭」、「吃過甘蔗頭的苦，才能品嚐出甘蔗尾的甜」。

我們這個世代

陳芊穎．臺北市中正國中，現就讀臺北市中山女高

在這嶄新的世代，和過往有不同的樣貌跟特質，而構成世代特色的因素，就是我們生長的環境。走在路上，人手一機，大家都成了低頭族，這

樣的環境，使我們這個世代，成為了「網路新世代」。

不同於過往的書面紙本，大家能利用網際網路查詢各式各樣的資訊。網路充滿各種的消息來源，若有不懂之處，也不必再特意出門諮詢他人，網路「大神」會給你答案。以前必須出門，才能購買商品，不僅麻煩，更浪費時間，現在的網購網站，二十四小時不休息，提供買賣服務，坐在家裡，也能輕鬆的買到想要的任何物品。半夜肚子餓了，動動手指按幾下鍵盤，美食就送到家。

閒暇時間，能和他人在雲端聊天，與不同國家的人視訊，結交朋友，拉近人與人之間的距離。過去大家一定要出外工作賺錢，現在許多人利用網路在社群網頁發片、開直播，在家作業就有收入。網路世代帶給我們的好處及便利性，雖數也數不盡，但在享受便利性的同時，暗藏著許多的危機。

網路世界中，存在著哪些危機呢？網路上無限搜尋，讀到不正確的資訊、吸取錯誤的觀念時，必須學會如何判斷，才不會被誤導；不能像海綿只會不停吸收，一旦無法分辨，就會犯下大錯。好比網路購物，雖然帶給我們便利性，但是購物時更要留心賣家的信用與物品的品質，不要太過依賴照片，有時那些照片，不一定是真的樣貌，網路世界隨時能夠虛擬，處處得小心。

交友軟體能讓我們輕鬆的結交網友，但是大頭貼上的圖片，也可能是照「騙」——騙子的「騙」，不能絕對相信，更不可以隨便跟網友出去，有形形色色的網路犯罪事件，包括詐欺、恐嚇、誹謗、霸凌……都是網路過於發達所帶來的壞處，使用時更要謹慎。

網路日新月異，在享受便利的同時，不要被虛擬世界帶著走，也要懂得接觸真實世界，才不會使自己和外界斷訊，千萬別躲在鍵盤之後，讓人際關係變疏離，這就是我們這個世代所要接受的考驗啊！

文章的亮點：「我們這個世代」，是民國一〇七年國中會考的作文考題，開頭直接破題，點出網際網路對現代年輕人的影響，舉例切實，貼近社會脈動，論點、論據、論證皆備。

可以模仿的佳句：「不能像海綿只會不停吸收，一旦無法分辨，就會犯下大錯。」、「網路日新月異，在享受便利的同時，不要被虛擬世界帶著走，也要懂得接觸眞實世界」、「大頭貼上的圖片，也可能是照『騙』——騙子的『騙』」。

喝酒不開車，開車不喝酒

叢瑋濬・新北市私立竹林中學

安全維繫了生命，而違規是交通事故的根本，大家都希望高高興興的出門、平平安安的回家，就一定要遵守交通規則，保護生命安全。有些人卻把「喝酒不開車、開車不喝酒」的交通守則當成了耳邊風，因此讓無辜的人回不了家，喪失了寶貴的生命。

根據交通部路政司的統計，民國一〇一年至一〇五年間，酒駕累犯違規事件的件數高達二十幾萬件，在交通事故中占了近四成，這是多麼可怕的數字！為了確保民眾的安全，政府每天規定新的法律條文，免得有更多可憐的民眾被喝醉酒的駕駛傷害。但效果真的好嗎？

例如：臺大一位研究生，在畢業前夕被喝醉酒的室內設計師撞死，兩個家庭因此破碎，真是令人扼腕，多麼讓人痛心！可見法律的制定趕不上人們的違規。如果人們再不改變的話，有可能連過馬路都會變成一件極度危險的事。

酒，可以去腥、促進血液循環，但使用過度，會讓人興奮，如果再來開車，把煞車踩成油門，那就是拿生命開玩笑，有可能會沒命啊！

有一句話說：「道路雖有千萬條，安全才是第一條」——駕駛朋友們，如果喝了酒，就坐計程車吧，千萬不要讓自己變成殺人凶手。

文章的亮點：論點清晰，引用數據證明自己的觀點，結論提出對未來的期許。

可以模仿的佳句：「眞是令人扼腕，多麼讓人痛心！」、「把煞車踩成油門，那就是拿生命開玩笑，有可能會沒命啊！」

不恥下問

廖柏鈞．新北市民安國小

在自然現象中，有許多令人感到困惑的問題，比如說：為何月亮只有一顆？為什麼地球有地心引力？宇宙是怎麼形成的？先有雞還是先有蛋……遇到這些難解謎題時，就必須發揮不恥下問的精神問個清楚，弄個明白。

「不恥下問」的意思就是，沒有貴賤之分、別管面子問題，只要問到

「對」的人，一定要尋求問題的真正解答，只要有這種精神，就算再怎麼困難的問題，都可以釜底抽薪的得到解決。

學習時難免也會遇到不少難題，在這種時候更要發揮不恥下問的精神，即使求知的對象是成績不好或調皮搗蛋的同學，畢竟古人說「截長補短」，說不定靠此一問，可以獲益良多，滿載而歸呢！

猶太人說：「問，是一時的羞恥；不問，是一輩子的羞恥。」別把疑問深藏心底，只要發揮不恥下問的精神，遇到任何問題相信也能如魚得水，活得既快樂又有意義。

文章的亮點：用疑問句帶出主題，強調出「問」，將是解「疑」的不二法門，結語善用引言法，用名言再一次呼應主題。

可以模仿的佳句：「問，是一時的羞恥；不問，是一輩子的羞恥」、「只要發揮不恥下問的精神，遇到任何問題相信也能如魚得水，活得既快樂又有意義。」

夢想

吳秉樺．新北市福和國中

夢想就像是人生的推進器，當我們失去動力時，能幫助我們一飛沖天，帶領我們創造出更美好的未來，讓我們朝向目標奔馳前進。

夢想是一條繩索，當我們被人生的高牆阻攔時，幫助我翻過高牆，戰勝阻礙艱難，而我就是個活生生的例子。小學三年級時，為了獲得五育獎，我努力念書，比別人都專心上課，但卻在發成績的那天，發現我竟然飲恨輸給第三名零點零六分！這麼些微的差距，差點徹底打敗我。當我絕望的時候，是夢想把我從谷底拉了出來，讓我看見希望，讓我能繼續追逐五育獎的目標前進，後來我終於如願以償獲得了五育獎，這也讓我知道，人類因夢想而偉大，所有成功者都是夢想家。

夢想是一個領航員，當我遇到岔路時，帶領著我走向正確的道路。我學圍棋的時候，在初段卡了三個月，一度想放棄，是夢想幫助我堅持下去，想著自己也許具備一鳴驚人的實力，是它讓我不放棄的戰到最後，終於破關成功。

這一望無際的藍天，只要有夢，每個人都擁有改變世界的能力。勇敢追夢吧！只要堅定志向，就一定能改變人生，讓夢想使你的人生多采多姿吧。

文章的亮點：抽象的事物，如何具象化？使用譬喻法是不錯的方法。連續三段運用暗喻起頭，「夢想是……」，讓夢想不再是縹緲虛幻的東西，同時以親身經歷佐證，增加了文章的說服力。

可以模仿的佳句：「夢想就像是人生的推進器，當我們失去動力時，能幫助我們一飛沖天」、「夢想是一條繩索，當我們被人生的高牆阻攔時，幫助我翻過高牆，戰勝阻礙艱難」、「夢想是一個領航員，當我遇到岔路時，帶領著我走向正確的道路」。

喜怒哀樂

黃貴珩．新北市永和國中

當我開心的時候，心情就像一隻鳥，快樂的高聲歌唱，讓大家聽到美妙的歌聲；也像太陽一樣開心而閃亮的綻放光芒，讓身邊的人感受到溫暖的照耀；更像一陣柔和的微風，徐徐的吹向大地。

當我生氣的時候，心情有如狂風暴雨一般，吹襲我心中的大海海浪，一波未平一波又起；也像在擂臺上的拳擊選手，恨不得把對手一拳打倒在地；更像殘忍好鬥的武士一般，只想把敵人打得落花流水。

當我悲傷的時候，眼淚有如滔滔江水，也像掉入了漆黑的深淵，再也爬不出來，只能在黑暗中默默獨自哭泣。

當我快樂的時候，我的心情就像火箭，一股腦兒的衝上雲霄；也像是一艘一帆風順前往目的地的船隻；更像是乘著一輛高速跑車，無憂無慮奔馳在自由的康莊大道上。

喜怒哀樂每一種感覺，都是人生的調味料，好比鹽巴、砂糖、醬油、醋與辣椒，有人愛甜有人愛鹹，不管西式或中式，缺少調料，就沒有了美食。人生中如果拿走酸甜苦辣鹹，生活會變得平淡無奇，沒有樂趣；生活這道菜裡，缺少這些調味料，豈不就失去甜美的滋味了？

文章的亮點：喜怒哀樂的情緒很抽象，看不到摸不著，怎麼描寫出來？用其他具體的體驗做比喻，好比這篇。結尾更把人生比喻成做料理，有了情緒的調味，才夠甜美。大量的譬喻詞讓人驚豔。

可以模仿的佳句：「像太陽一樣開心而閃亮的綻放光芒，讓身邊的人感受到溫暖的照耀」、「當我快樂的時候，我的心情就像火箭，一股腦兒的衝上雲霄」、「喜怒哀樂每一種感覺，都是人生的調味料」。

從一場紛爭談退讓

吳宥頡．臺北市大直國中

「處世讓一步為高，退步即進步的根本。待人寬一分是福，利人實利己的根基。」退讓能讓雙方不致兩敗俱傷，有利於雙方，形成雙贏的局面。

退即是進，退讓是一種顯現氣度的事，能使人提升一個境界。在清朝有一名大學士，名叫張英，他寫了一首詩：「千里捎書只為牆，讓他三尺又何妨？長城萬里今猶在，不見當年秦始皇。」他寫這首詩的原因，是因為他在京城當官時，家人因為蓋牆跟鄰居起爭執互打官司，捎書給遠在京城的張英，希望他出面處理，但張英卻寫信叫家人退讓三尺，鄰居看了很感動，也向後讓三尺，因此成就有名的「六尺巷」。

俗話說：「吃虧就是占便宜。」退讓好比滅火器，而爭執則是一發不可收拾的火苗，火滅了，對雙方都好，也讓自己立於安全之地，一次又一次的脫離危險。「忍一時風平浪靜，退一步海闊天空」，凡事多退一步，自己也會好過一點。

有一次去補習班要量體溫，一名大約三、四年級，不同校的人，排在我旁邊，我以為他要延伸隊伍，所以側身轉個彎，接著也有一些人排在他後面，輪到我量時，他竟從旁插了進來，排他後面的人也緊跟在後，我反而成了最後一個，我當然非常生氣，甚至連髒話也想飆出口，不過我忍了下來，選擇退讓，以當時的情況而言，退，是最好的選擇，因為，連一旁的老師也視若無睹，如果我硬爭，不僅沒意義，也會鬧大整件事，延誤上課時間，所以，我很慶幸當時的「退」。

易經上說：「天道以盈為虧，謙受益，滿招損。」如果一杯水只裝一半，搖晃時會有聲響；如果是滿的，則沒有聲響，實力越高的人越謙退，前進時，先退一步，進步的力量反而更大！

文章的亮點：處處都是名言佳句，展現作者的好文采。引用古人的話為自己的論點站臺，是很加分的寫法，再加上自己的親身經驗作例證，文章就變成說服高手了。

可以模仿的佳句：「退讓是一種顯現氣度的事，能使人提升一個境界」、「退讓好比滅火器，而爭執則是一發不可收拾的火苗」、「實力越高的人越謙退，前進時，先退一步，進步的力量反而更大！」。

我看陳樹菊的報導

孫聖博・新北市永和國中

社會上多的是比陳樹菊會說漂亮話的聰明人，也多的是比她有錢的人，但陳樹菊的大慈悲，卻遠遠勝過這些聰明人與有錢人——這就是我看陳樹菊阿嬤報導後的心得。

在上作文課時，老師介紹一篇關於陳樹菊的報導，她自從母親難產過世後，小小年紀就輟學接下母親的菜攤，幫助父親拉拔四個弟弟和兩個妹妹長大，手上進出淨是五元、十元的蠅頭小利，但最後卻累積出了大財富，但陳樹菊阿嬤並沒有花用在自己的身上，反而全部拿出來捐獻給需要的人，這是多麼高尚的品性！

如果是我，我做得到嗎？我有這麼寬闊的心胸嗎？我有這麼慈悲的心腸嗎？我反問自己，得到的答案是：我要向她多多學習，等到有一天自己有能力時，也可以幫助窮困的人，她是我最好的榜樣。

每一個人都不要小看自己的力量，就像陳樹菊女士，雖然她只是個小小的菜販，卻把命運對自己的無情，轉化成為對他人的無私付出，竭盡所能毫無保留，變成一股足以影響他人的暖流，真希望社會上人人都是陳樹菊啊！

文章的亮點：先把看法寫在第一段，這叫「倒敘法」，讓人想接著往下讀。以連串疑問句反問自己，不直接道明，卻隱性襯托出陳樹菊女士之所以不平凡的地方，結尾「希望社會人人都是陳樹菊」，簡潔而有力。

可以模仿的佳句：「我有這麼寬闊的心胸嗎？我有這麼慈悲的心腸嗎？」、「竭盡所能毫無保留，變成一股足以影響他人的暖流」、「陳樹菊的大慈悲，卻遠遠勝過這些聰明人與有錢人」。

友情的真諦

李正凱．臺北市修德國小

友情是什麼？如果只有好事才跟朋友結交，一有困難就不幫忙，那麼，我們不懂什麼是友情。

友情是什麼？如果跟朋友說話不算話，甚至背叛了朋友，那麼，我們根本不懂什麼是友情。

友情是什麼？如果以身分背景來決定要不要和他做朋友，那麼，我們一點都不了解什麼是友情。

友情是什麼？如果以外貌來衡量要不要和他做朋友，那麼，我們還是不懂什麼是友情。

友情不是一種虛偽的交情，而是一種能在一起談天說地、互相吐露真心、就算遇到困難也盡力幫助的情誼。

人的一生中不能缺乏友情，從小開始，就需要朋友，尤其在學校，沒有父母，只能靠自己，如果困難自己無法解決，就只能靠朋友。俗話說。「團結力量大」，朋友越多，交情深厚，他們路見不平，拔刀相助，為你解決困難，這就是友情的力量。如果一個人一輩子都缺乏朋友，人生必定黯淡無趣。

友情是一種無窮的力量，發自心靈深處，讓人與人間的距離拉近，懂得扶持幫助，面對一切難題，克服一切阻礙。有了朋友，我們才能瞭解同心協力的重要，才能彼此互相學習，才能活得更充實，這就是友情的真諦。

文章的亮點：文章開頭使用「設問法」連續四次發問，一而再，再而三，強烈說明何謂友情，立場堅定有力。結尾的排比句，句句串聯，彷彿解答了首段的疑問，結構完整巧妙。

可以模仿的佳句：「友情是什麼？」的散列式表現法、「有了朋友，我們才能瞭解同心協力的重要，才能彼此互相學習，才能活得更充實，這就是友情的眞諦」。

好作品觀摩區（二）

記敘文篇

夏，你真淘氣

高銘陽．臺北市建國高中

忙碌的夏，你來的第一天，就趕緊用高溫融化高山的白帽，振奮熟睡的烏雲，喚醒長大的知了，無時無刻不在賣力的工作著。

春天山頭覆上的那層白紗，在夏日的洗禮下，換上翠綠的斗篷，使山中增添了一線生機。熾熱的空氣中散發著青春的氣息，洋溢著活力的動物們也從樹洞中出來覓食，蟄伏於土中的知了，突破了厚重的泥土，鳴叫一個夏天，鳴叫出了傳宗接代的使命。

都市中的人們，不像動物一樣快活，反而似蛇一樣蜷縮在涼爽的冷氣房。我則不然，熱情是我在夏天的特有物，我喜愛外出尋找生命的活力，在公園中四處穿梭。看哪！在樹林間，那榕樹一副頂天立地的模樣，為底下的人們振臂擋出一片蔭涼的空間。

捨不得這美景，在林中拍下一串的照片，忽然，一滴雨調皮的跳上我的眼簾，緊接著，有如千軍萬馬般的嘩啦啦雨聲，衝進我的耳膜，我趕緊將流連於夏日的收穫，塞進衣兜中，抱著頭落荒而逃。站在屋簷下躲雨，看著雨水滴落，匯集成小河，聚成小湖，再流進排水孔，重複又重複……我的心也像那雨，不斷地重複這雷雨之歌。忙碌的夏呀，就不能讓我平靜的欣賞夏日辰光嗎？你真是太淘氣了。

文章的亮點：這是作者國二時的作品，夏日的高溫與驟然而至的午後雷陣雨，都在筆下被人格化了，轉化的手法生動，夏天常見景色像人一般淘氣活潑，摹寫技巧極爲用心。

可以模仿的佳句：「用高溫融化高山的白帽，振奮熟睡的烏雲，喚醒長大的知了」、「春天山頭覆上的那層白紗，在夏日的洗禮下，換上翠綠的斗篷」、「一滴雨調皮的跳上我的眼簾」、「有如千軍萬馬般的嘩啦啦雨聲」。

我最深深懷念的人

曾莀升．臺北市立中正高中

在我的回憶中，是誰常常和我下棋對弈？是誰總是以慈祥的一面與我相處？是誰成為我最深深懷念的人？這個我永遠無法忘記的人，是我的外公。

外公的頭髮不多，稀稀疏疏的，有大大的耳朵、慈祥的眼神、有點大的鼻孔，嘴角總是上揚，外公的身高並不高，有點駝背，走起路來卻很威風。外公不常講話，說起話來，音調不高也不低，聽起來無比親切，外公的身影，是我腦海中最難忘的一道風景。

在我很小的時候，外公常戴著一頂帽子，領著我們幾個外孫，一起到家裡附近的便利商店或全聯社，挑選冰品及飲料。有一次去家族旅遊，途中外公用臺語對我們兄弟倆說，「走，來去選一個想吃的吧！」天氣正熱，日頭酷烈，外公這句話，彷彿及時雨滋潤了我，依稀記得，燦爛的陽光下，外公溫煦的笑臉，手中的那支冰棒。

外公除了常常買東西給我們吃，也經常和我下棋對弈。從我六歲開始，外公就教我學下棋了。從總是下幾步棋，就會分心；到無視周圍吵雜的環境，全神貫注在棋盤上；從下棋到一半就跑走，到心無旁騖地下完數盤棋；從總是一直輸，到可以連勝好幾盤——外公始終是我最好的老師。

每當回到基隆外公外婆家時，我就會迫不及待的用閩南語問外公：「袂走棋嗎？」外公以始終如一的溫和口氣回答：「厚啊。」接著我們就開始擺盤廝殺。隨著局數越來越多，我們越下越起勁，每下完一局，外公會笑笑的問我，再來一盤嗎？我循例不肯認輸停手。外公卻開始不斷下錯棋子，因為他的老花眼受不了了，這時我總會問外公：「袂拿眼鏡嗎？」外公又以簡潔有力的「厚！」來回答我，從未以眼睛越來越疲勞的理由止戰。我倆最大的差別，就是輸贏時刻到來時。只要輸棋，我便表現出極度不耐煩，而外公則不然，只是淺笑著說：「吃力呀，吃力呀，局勢不利，又輸了……」緊接著期待再下一盤，這種淡然，是我所無法達到的境界。

直到此刻才終於領悟：外公下棋，根本不在乎輸贏，只是單純享受和兒孫們下棋的快樂時光。外公去年已離開我們，與他沉靜對弈的場景，就像一幀永遠定格在我腦海深處的相片，彷彿他從未離開過我一樣。

文章的亮點：描寫人物，最難的，不是要描摹得「像」，而是能寫出與人物緊緊牽繫的那份眞情，才足以打動人心。文中豐富的「示現法」，讓已逝外公的身影形貌呼之欲出，祖孫的情感眞摯動人。

可以模仿的佳句：第一段連問三次的疑問句型、第四段「從……到……」的排比句型。

心中最美的所在

馬鈴茜・新北市福和國中

朝陽緩緩升起，露珠在空氣的凝結下坐在荷葉上，晨霧輕輕地從水氣中飄散出來，晨光灑向田埂小路，再慢慢走到那一片綠草如茵。路旁的小野花向晨光招手，青鳥亭亭的站在大樹上，吱吱喳喳的隨著枝椏的舞蹈伴奏，徐徐的風是枝椏的舞伴，在鳥兒的高歌之下，清風與枝椏跳上一首華麗的曲目——這就是我心中最美的所在，奶奶家附近的埔里草原。

我站在埔里的草原上，一旁流淌著反光閃爍的小河，人說，埔里出美女的原因在於出好水，果真名不虛傳，清澈見底的水質，顯露出大自然的美好。雷陣雨打破了這份寧靜，天際雷鳴閃電，雄偉的發出鳴吼聲，遠看山頂朦朧，雲煙環繞著山峰。大雨過後，天氣豁然開朗，出現一道光，先是雲層被擦上一抹淡淡的淺黃，接著再鍍上一層深紅，最後紅、橙、黃、綠、藍、靛、紫……隱隱約約一道七彩出現在雲野之間，顏色精靈在水氣與暮光的召喚之下，於雲間畫出一彎彩色的弧度。

夕陽在精靈的歡送下西沉，新月悄悄升起，夜幕瞬間籠罩整片大地，取而代之的，是螢火蟲的點點光芒，這便是我心中最美的所在，也是我魂牽夢縈的好地方。

文章的亮點：描述景點不僅有空間觀察，還有隨著時間推移的景物變化，時空交疊，有靜有動，視覺摹寫精采有亮點。

可以模仿的佳句：「路旁的小野花向晨光招手，青鳥亭亭的站在大樹上」、「遠看山頂朦朧，雲煙環繞著山峰」、「隱隱約約一道七彩出現在雲野之間，顏色精靈在水氣與暮光的召喚之下，於雲間畫出一彎彩色的弧度」。

遠離錯別字

胡睿宸・新北市永和國中

錯別字，是模型上的凹痕；錯別字，是皮膚上面的小疤痕；錯別字，是一隻讓我不敢直視的蟑螂。

錯別字，是我很難改掉的缺點，常常把「已經」寫成「以經」，或者把「座位」寫成「坐位」，更誇張的是把「演講」寫成「言講」，這讓錯字成為我筆下的常客。每當同學們看到我的錯別字，哄堂大笑時，我的臉紅得比蘋果還要紅，好想要把自己丟進異次元，不再出現在眾人眼前。

錯別字，是害我每次作文都要被扣分的兇手。每一段總有一兩個錯別字，讓我的作文分數一落千丈，都不敢去看別人的分數，怕傷害到我那顆玻璃似的心。錯別字就像是充滿惡意的畫家，總是在我的作文上展現它的畫作，每當我看到它的畫作時，就大發雷霆，但它卻不知悔改，繼續明知故犯，真是個狡猾的東西。

我應該要好好反省，不能再讓錯別字出現在我的作文上了，錯別字啊錯別字，從現在開始，你曾經對我做的事情，我都要一一算帳，我要向你發起戰爭，我會帶領著我的軍隊，把你打到九霄雲外，如果你想反抗，就放馬過來吧！

文章的亮點：開頭的排比句型簡潔有力，點出了主題所在。中間兩段清楚說明曾犯過的錯誤，結論把錯別字比喻成人物，向它宣戰，擬人法不僅精彩，也充滿了趣味。

可以模仿的佳句：「錯別字，是模型上的凹痕；錯別字，是皮膚上面的小疤痕；錯別字，是一隻讓我不敢直視的蟑螂」、「錯別字就像是個充滿惡意的畫家，總是在我的作文上展現它的畫作」、「我要向你發起戰爭，我會帶領著我的軍隊，把你打到九霄雲外」。

我是零缺點小姐

李其諭．新北市福和國中

「為什麼你看起來都沒什麼缺點啊？」

「那當然，因為我很完美嘛！」

這是朋友經常問我的問題，也是我回答的固定臺詞，「零缺點」對別人來說可能是他們不斷追求的目標，對我來說，卻是一個深深困擾我的「缺點」。

作為「零缺點」的我，身邊自然圍繞著不少錦上添花的「朋友」，讓我難以與其交心，養成了我防備心強又孤高的外在面具，每逢年級集會的場合上，我經常煩躁地看著手錶，希望時間走快一點，讓它趕緊結束，我不喜歡與人際接觸的場面。

從小事事都做得優秀出色，順利無比，導致我遇到挫折時，經常不耐煩而想要放棄，逃避這個不完美的自己。例如：四年級學騎腳踏車，因為一直跌倒，練習兩、三次就放棄了；學街舞時，因為和資歷豐富的學姊程度相差甚遠，上了一堂課就不學了。

作為改進的起點，我想先從「堅持到底，正視自我」開始做起，設定目標後，就必須堅持到底，即使遇到困難，也不要逃避，接受這個不夠出類拔萃的自己。第二，從「人際關係」下手，慢慢脫下外在面具，讓更多人進入自己的世界。

增進人際關係，也豐富我的交友圈。希望在未來，我能徹底放下心防，誠實接受自我，即使不夠完美又如何？等那一天到來，我就是真正的「零缺點小姐」了。

文章的亮點：第一段用「對話」的形式凸顯出作文主題，立即進入文章重點，確實舉例，誠實檢討自己，並提出解決辦法，展望未來，結構相當完整。

可以模仿的佳句：「防備心強又孤高的外在面具」、「我遇到挫折時，經常不耐煩而想要放棄，逃避這個不完美的自己」、「增進人際關係，也豐富我的交友圈」。

畢業前的校園巡禮

吳宥頡．臺北市大直國中

「鈴鈴鈴！鈴鈴鈴！」鬧鐘聲響起，準備要上學了，前往每天必去的學校，見到每天必見的同學們，但隨著畢業的時間倒數計時，小學的景色、同學們的喧譁，都將成為過往。

媽媽開車載我到學校，背著書包走到大川堂，量體溫後，出大川堂左轉直走，會看到大片空地，沒錯，正是操場。最後面有一小片的遊樂器材，常有人光顧，旁邊還有籃球場，再來是一圈跑道和一片水泥地，下課時都會有人在這裡玩球、奔跑與嬉戲。雖然跑道不長，每次上體育課跑步課程，對我來說卻是永無止境的漫漫長路。在校園中央，有著中庭花園，花草樹木繁盛，還有活潑的學生，其中一棵數比其他樹高了好幾公尺，那是一棵楓香，足足有四層樓高，樹的周圍都是草地，草地上也種著好幾棵樹，都跟人一樣高，彷彿一座小型森林。我們常常在這裡玩鬼抓人，玩到忘記要返回教室。

我最想介紹的地方不是鳥語花香的美景，而是我的教室，走過幾千遍的走廊，進去那最熟悉的地方，看到那最要好的朋友，一排排的課桌椅，不整齊地排列著木製講臺，上課時寫滿字的黑板，下課時一起打鬧的同學們，如果說教室是一臺機器，裡面的人事物都是必須的零件，雖然小，卻一個都不能少，教室這幅畫是滿滿回憶畫出來的。

人有悲歡離合，月有陰晴圓缺，人生就是一次又一次的離別與再見。時間慢慢流逝，我越來越珍惜所剩不多的小學時光。操場上同學們一起跑步的情景，歷歷在目；中庭花園樹蔭之間玩鬼抓人的景象，若隱若現。雖然我們即將畢業，但校園就如一列永不停息的列車，裝滿我們生活的點點滴滴，仍繼續地往前奔馳著。

文章的亮點：生活了六年的小學校園，熟悉又充滿回憶，作者巧妙運用「示現法」讓過往場景重現，到了末段喻情於景，傷情卻不傷感，寄語校園列車仍將繼續往前奔馳著，道出生生不息的校園活力。

可以模仿的佳句：「操場上同學們一起跑步的情景，歷歷在目；中庭花園樹蔭之間玩鬼抓人的景象，若隱若現」、「教室這幅畫是滿滿回憶畫出來的」、「人有悲歡離合，月有陰晴圓缺，人生就是一次又一次的離別與再見」。

一個人在家的時候

邵品宣．新北市永和國中

「噹！噹！噹！」門鈴不停地響起，剛看完恐怖電影「紅衣小女孩」，想去開門，卻沒有勇氣……是誰在晚上來訪？心裡滿滿都是問號，真的好想知道是誰，卻沒有膽子應門。

晚上十一點，家裡空無一人，我要去開門？還是不開門？好艱難的抉擇。我一身的雞皮疙瘩掉滿地，要用掃把才掃得掉，不知道該要怎麼做，爸媽請快點回來吧。

我像一隻熱鍋上的螞蟻，走過來，走過去，全身抖個不停，眼中所見的世界，都是黑白的，人是黑白的，桌椅也是黑白的，唯獨衣服是彩色的，這是什麼情形？剛剛看完的電影驚恐片段在眼前晃呀晃，我的背脊不知不覺發冷，好像有蟲在爬，頭皮發麻，手腳也不由自主地發抖，全身打了好幾個冷顫，坐在椅子上越想越可怕，短短幾分鐘，卻像一年那麼的漫長。

拚了！決定冒險開門。我忍著不肯妥協離去的雞皮疙瘩，慢慢打開門——兩道熟悉的人影出現，我的世界突然變成彩色了，「爸！媽！」

文章的亮點：一個人在家的夜晚，突然而來的門鈴聲，恐懼、疑惑、驚慌、害怕……種種的情緒，透過精采的誇飾句型，一再被放大。結尾的「爸！媽！」是神來之筆，宛如一齣黑色喜劇。

可以模仿的佳句：「我像一隻熱鍋上的螞蟻，走過來，走過去，全身抖個不停」、「我的背脊不知不覺發冷，好像有蟲在爬，頭皮發麻，手腳也不由自主地發抖，全身打了好幾個冷顫」、「短短幾分鐘，卻像一年那麼的漫長」。

和爸爸逛夜市

洪仕涵．臺北市修德國小

某個假日午後，爸爸看我在家很無聊，於是問我要不要去逛夜市？我一口就答應了。

一走近夜市，就聽到：「來喔！果汁第二杯半價喔！」、「三明治，營養又美味，快來買喔……」、「大特價！大特價！走過不要錯過！」等等的叫賣聲此起彼落，「半價」這字眼太有吸引力了，禁不住想喝看看，所以買了西瓜汁，嗯，冰涼解渴，真棒！再往前走一段路，哇，更多的食物，琳瑯滿目，人聲鼎沸，熱鬧無比。我忽然看到一個「起司薯條」的招牌，立刻買了一份嚐鮮。

一路走來，我又買了炸菇，香香脆脆的，也買了蔥油餅，酥脆可口，最後我在夜市裡又吃了一碗咖哩飯、一碗湯和香噴噴的麵線……還覺得不夠呢！平常我的食量很小，吃得很少，但今天在夜市裡，我的肚子吃得鼓鼓脹脹的，好像永遠也填不滿，我仍然意猶未盡，夜市真是一個充滿魔力的地方。

今天和爸爸一起逛夜市，爸爸對我幾乎有求必應，緊緊牽著他的手，我感受到無比溫暖，連夜市的空氣都變得特別好聞了。才發現，偶爾和家人一起出門逛夜市，放鬆心情，不只感受到樂趣，也能增加家人間彼此的感情呢！

文章的亮點：夜市裡的聲音，運用摹聲法的描寫，熱鬧而有生氣。最後說明因爲和家人同逛，夜市才顯得特別有趣，把感情融進去了。

可以模仿的佳句：「在夜市裡，我的肚子吃得鼓鼓脹脹的，好像永遠塡不滿，我仍然意猶未盡，夜市眞是一個充滿魔力的地方」、「琳瑯滿目，人聲鼎沸，熱鬧無比」。

我最喜歡的運動

莊子儁·臺北市修德國小

我最喜歡桌球，每次打桌球前，我都會先思考要把球打到哪個方向後再動作，它幫助我手眼更加協調，激發出我的潛力。

升上四年級以後，我的實力越來越強，每週三下午上桌球課，老師讓我們分隊比賽，我被分到的是B隊，第一場比賽非常激烈，你打過來，我打過去，精彩過程讓我看得目不轉睛。就快要輪到我上場了，這時我的心情緊張無比，我的隊友鼓勵我：「子儁別擔心，來吧，我們一起加油，突破任何挑戰，攀上最高峰！」

一開始，由我們先發球，球立刻「砰！砰！砰！」的彈過去，對手毫不客氣地把球打回來，就這樣你來我往，最後比數是十一比九，雙方實力接近，緊逼在後，誰也不讓誰。

最後一場比賽，這次換對手先發球，我衝上前反打過去，對手敏捷地把球用力往前推，好險！我的反應力強，在千鈞一髮之際接著了，我出了一身熱汗，真驚險！

經過許多次的來回擊球，冠軍終於出爐了，由對方獲勝利，雖然我的心情免不了失落，但是沒有關係，失敗為成功之母，有敗必有勝，只要我以後繼續努力練習，一定會有所收穫的，這不就是運動的精神嗎?桌球真是一項有趣的運動。

文章的亮點：第一段開門見山，直接點明主題。摹寫法描繪比賽現場，緊張刺激，十分有臨場感。最後一段的反思，運動精神有敗必有勝，再度呼應了主題。

可以模仿的佳句：「我們一起加油，突破任何挑戰，攀上最高峰！」、「在千鈞一髮之際接著了，我出了一身熱汗，眞驚險」。

我們這一班

徐梓祐．臺北市興雅國小

我們這一班有很多風雲人物，每個都多才多藝，像跑步是全五年級最快的飛毛腿、功課永遠是最後一名的，和打遊戲每次都比功課還要出色的……等等「高人」。今天就來聊一聊三個各有特色的可愛同學們吧。

陳★捷，是班上的「愛心天使」，身高沒有很高，功課卻高人一等，只要被她聽到有人作業不會的，立刻衝去身邊指導救援。

吳★碩是「急驚風」，說話比做動作還要快，屬於「心動不如行動」的行動派，每次都在學校趕完全部的回家作業。聽說他到補習班都需要拖到晚上九點才能回家，因為作業錯誤跟天上的星星一樣多，改不完！

陳★頡，是班上的「大胃王」，也是班上的搞笑大王，每到中午用餐時間，他都會飛快「擠」到餐盒前去打飯菜，一天沒吃飽飯，就會躺在桌子上哀號：「天公伯啊，為什麼要這樣對我！」

班上的風雲人物多得數不清，可見我們班絕對缺少不了歡聲笑語，來吧，歡迎來到五年四班，讓我們用笑聲來迎接您！

文章的亮點：用諺語及綽號，凸顯出班級同學的性情，緊緊抓住人物特色，生動有趣。

可以模仿的佳句：「說話比做動作還要快，屬於『心動不如行動』的行動派，」、「作業錯誤跟天上的星星一樣多」。

爸爸的制服

吳宥頡・臺北市大直國中

「我出門囉！」爸爸平淡的說著，他穿著制服，背著背包，穿著整齊地上班去了，從以前到現在，爸爸總是穿著那件制服去上班。

爸爸的制服是淺藍色的，上面印製著爸爸的名字，是爸爸身為一個醫生的證明，只要穿上它，就會變得威風許多，彷彿將軍穿上刀槍不入的盔甲，無人能敵，爸爸的制服也像能抵禦任何病毒，使他百毒不侵。

爸爸的制服陪伴他度過每一天，是爸爸出生入死的好夥伴，也是上班時的良朋知己。風吹、日曬、雨淋，對爸爸的制服受過的摧殘來說，只是九牛一毛，不足掛齒，爸爸的制服就像是哆啦A夢的神奇道具，又猶如神

文章的亮點：以第一人稱「我」，化身爲美麗的玫瑰花，表達對人類亂摘花的譴責，擬人法技巧流暢。

可以模仿的佳句：「就像一位優雅的少女，爲這個世界綻放出鮮豔的色彩」、「留下了無聲的眼淚」。

我的校園

張惇涵．臺北市雙蓮國小

我就讀於雙蓮國小，它有美麗的中庭花圃、寬廣的操場、還有舒適寬廣的教室，就讓我帶你參觀一下吧。

走入校園，迎面看到一顆巨大的白色羽球，這是最醒目的地標。往右，看到一大片鋪設木板的生態池，生態池裡有一隻隻可愛的青蛙，「噗通！噗通！」的跳上跳下，活潑的呱呱叫著。往左邊看有舊禮堂，裡面經常有師生在打羽球。再往裡面走，會有舊生態池，茂盛的花朵，還有高大的樹木，蝌蚪很活潑的游來游去，這裡是校園的肺，幫我們洗去髒空氣。

穿越生態池往前走，會看到教室跟操場，我的教室在三樓，從教室朝前看，就是廣闊的操場。是園遊會、朝會、運動會舉辦的地點，這地方是學校的快樂天堂，我每天在這裡打籃球、玩鬼抓人，如果沒有這座操場，學校就會變得不好玩了。

學校等於我第二個家，如果沒有校園，我就無法學習，我會失去快樂，我愛我的學校，我愛我的校園。

文章的亮點：利用「定點觀察」跟「走動觀察」兩種寫法，爲校園做導覽，空間感清晰，景色次序分明。

可以模仿的佳句：「生態池裡有一隻隻可愛的青蛙，『噗通！噗通！』的跳上跳下，活潑的呱呱叫著」、「如果沒有校園，我就無法學習，我會失去快樂」。

我家巷子

蔡秉翰．臺北市大龍國小

我家住在臺北市一條冷清的巷子裡，平常都會有人在這裡喝酒、打麻將等等，讓這條冷清的巷子變得嘈雜熱鬧許多。

在巷子口，會先看到縫衣服和早餐店合起來的特別店家，每天一大早，我都會去那裡買早餐，他們的生意有時人潮洶湧，有時門可羅雀，是因為他們的店開在巷子裡，所以很少有客人光顧的原因吧？走到巷尾，就可以看見臺北市的老人住宅，每天都會有一些老人從外面走進又走出。往左邊走，是臺北市蘭州國中，上下課能聽到「叮叮！噹噹！」的鐘響，讓巷子充滿蓬勃朝氣，時常傳來學生的歡笑聲。

再往外慢慢走，就是大馬路了，可是車子卻很少，奇怪吧？一旦舉辦廟會的時候，將軍爺和神轎會把巷道團團圍住，那時候的人，可就像天上的星星，多得數不清了。

這一條巷子就是我的家，閉著眼睛也看得到它，因為這一條巷子的模樣，已經深深地刻印在我的心裡，永遠忘不掉它。

文章的亮點：九歲孩子的眼中，平凡無奇的住家巷子，卻是深印心底的好地方，運用視覺摹寫，一步步緩緩用鏡頭拉開，有觀察力。

可以模仿的佳句：「有時人潮洶湧，有時門可羅雀」、「那時候的人，可就像天上的星星，多得數不清」。

早晨的都市

鄭宇和．新北市私立竹林中學

「咕！咕！」是誰叫醒了我？我心不甘情不願的離開舒適的被窩，便看到一隻鴿子在窗臺邊高歌一曲，喚醒我美好的一天。

走出家門，車水馬龍的街道，好像停車場一樣，許多車輛在街道上排隊，形成一道車輛瀑布。走進公園裡，我看到一群人在樹蔭下跳舞，附近的樹聽到了，也跟著隨風擺動；一朵朵花兒對我微微笑，讓我擁有一天的好心情；小朋友的歡笑聲此起彼落，讓都市變得更熱鬧了。

快到學校了，導護志工不辭辛勞的站在路口指揮交通，「嗶！嗶！」導護志工的吹哨聲和紅綠燈小姐的綠燈同時響起。路旁的車子，有些聽從導護志工的指揮，有些不耐煩的按著喇叭：「叭！叭！」表示抗議，揚長而去。過了馬路，我看見學校近在咫尺。我覺得今天一定是愉快的一天。

我愛這個都市，它就像千變萬化的魔術師，每天都有不同的風貌呈現在我面前，讓我精神百倍，迎接朝氣蓬勃的每一天！

文章的亮點：用摹聲法喚醒自己，迎接早晨的來臨。充滿精神的擬人法，筆下處處是蓬勃的朝氣，呼應主題晨光的清新，彷彿讓讀者也來到富有活力的都市，感受到熱情的招呼。

可以模仿的佳句：「一隻鴿子在窗臺邊高歌一曲，喚醒我美好的一天」、「許多車輛在街道上排隊，形成一道車輛瀑布」、「它就像千變萬化的魔術師，每天都有不同的風貌呈現在我面前」。

聽雨

李玟靚．新北市永和國小

「轟！轟！」打雷了！下雨了！教室裡專心上課的小朋友嚇一大跳，雨水降落在大地上，越下越大，不知不覺中，變成傾盆大雨。「啪！」一聲，我全身都被噴溼了！雨精靈像可愛的小朋友一樣成群結伴，開始玩耍；雨水降落在屋子上，把屋子都淋成「落湯雞」。

雨聲非常多種，它們有的是「嘩啦！嘩啦！」，有的是「淅瀝！淅瀝！」。我最喜歡雨打在房子上，發出的「淅瀝淅瀝」，真好聽！如果用心傾聽，雨聲就像音樂家，而我們就是坐在一旁的聽眾，專心聆聽它們的

「演唱會」。

放學了，操場看起來像游泳池，大雨把全校都沖刷得乾乾淨淨。走廊上的家長，焦急的走來走去，有的家長接到了心愛的寶貝；而我，卻要穿過風雨操場，自行走到安親班。當我看到路上變成一條大河，心都涼了，因為我一定要「過河」，而我穿的是我最喜歡的布鞋啊！

雨天總是給我一種聽音樂會的心情。我一邊在風雨操場躲雨，一邊聽著大雨唱出來的神奇節奏，在強風和雷聲的伴奏下，雨兒們演出了一場出人意料的音樂會。雨景同時也給我一種看影片的心情，看著全校、整個社區甚至城市變成一片「大海」，大風「呼——呼——」的吹，大雨「刷！刷！」的下，打雷「轟！轟！」的響，這合奏曲，是不是既驚人又緊湊？

忽然間，我發現大家都把傘收了起來，穿雨衣的人們也脫下雨衣。雨停了嗎？我看看地上的小水灘，心裡有了答案。雨，為什麼不下久一點呢？雨、風、雷為什麼不再歡唱了呢？為什麼只留下彩色霓虹來陪伴我呢？我好想要每天都下雨，這樣我每天都可以聽音樂會了！多美好的享受啊！

文章的亮點：突然降下的一場大雨，集中焦點在聲音的描寫上，雨聲、風聲、打雷聲，交織而成熱鬧的音樂會，這是一曲最生動的交響樂章。主題明確，各種狀聲詞十分的豐富。

可以模仿的佳句：「雨精靈像可愛的小朋友一樣成群結伴，開始玩耍」、「大風『呼——呼——』的吹，大雨『刷！刷！』的下，打雷『轟！轟！』的響」、「雨，為什麼不下久一點呢？雨、風、雷為什麼不再歡唱了呢？」。

臭屁軒情誼

黃柏銓・臺北市大橋國小

他的外表細瘦矮小，他的眼睛像月亮一樣光亮，他鼻子又高又挺，他是人見人愛的萬人迷，也是我的好弟弟。因為他很臭屁，名字最後一個字是「軒」，所以我給他取個外號叫「臭屁軒」。

他雖然是我的兄弟，在我心中，他更像是我最要好的朋友。我們每天見面，一起玩遊戲，一起打籃球，一起看電視，我們都看美國籃球聯盟轉播比賽，我最喜歡的一支球隊是湖人隊，也是「臭屁軒」最喜歡的隊伍，所以我們有共同的興趣，是志同道合的兄弟。

有一次，我們一起做錯事，媽媽要打我們，「臭屁軒」挺身而出，「自首」說是他先開始動手的，讓我非常感動，也免去我的皮肉之痛，這才是我的兄弟啊！

法國著名的作家羅曼羅蘭曾經說過一句話：「有了朋友，生命才顯出它全部的價值。」有了「臭屁軒」，我這輩子才算完整，我很開心擁有這樣一位好兄弟。

文章的亮點：這是低年級的作品，卻能具體描繪跟弟弟的相處情節，充滿童趣，道出了手足如朋友的眞摯情誼，非常難得。

可以模仿的佳句：「一起玩遊戲，一起打籃球，一起看電視」、「有了『臭屁軒』，我這輩子才算完整」。

一條特別的街道

吳若帆．臺北市雙蓮國小

每逢過年，這裡總是擠滿採買年貨的人潮；一百多年前，此處是人們買賣茶葉的場所；只要經過這兒，總會聞到一陣陣混雜著中藥、草藥和茶葉的香味，這條充滿歷史的街道，就是我要介紹的一條街——迪化街。

這是一條一眼看不到街尾的街道，好似一條無邊無際的時光隧道。一間間的百年老店，正述說著屬於它們的故事，每個角落都有令人驚喜的發現。街頭，有一家百年茶行，走進店裡，很多人在店裡試喝有濃的、有淡的茗茶。只要喝一口，連啼哭的小孩都會破涕為笑，被那濃郁的茶香打動。街尾有一間布匹行，五顏六色的花布，在裁縫師的巧手下，變成了一件件美麗的衣裳。

飲料店是現代人的流行，特地開在大家必經的地方，用迪化街那令人唇齒留香的茶葉，泡出一杯杯冰涼可口的冷飲，讓走累的我，瞬時精力充沛。

百年的時空，被保存了起來，匆忙的行人，也放慢了腳步，凍結都市繁忙的氣氛，不再緊張，這真是一條具有魔力的街道。

文章的亮點：一條特別的街道，從街頭描述到街尾，運用了空間的觀察法，結尾用疊句娓娓點出今昔之感。

可以模仿的佳句：「這是一條一眼看不到街尾的街道，好似一條無邊無際的時光隧道」、「一間間的百年老店，正述說著屬於它們的故事，每個角落都有令人驚喜的發現」、「百年的時空，被保存了起來，匆忙的行人，也放慢了腳步，凍結都市繁忙的氣氛」。

四季

李玟靚．新北市永和國小

春來了，萬物都在為它歡呼，小草鋪上青青大道；大樹搖擺著墨綠色的衣服；嬌羞的櫻花也抬起頭來，撒著她的花瓣，為春神的世界鋪上層層點綴。春風輕輕的走在街道上，它雀躍地跳著，到家家戶戶拜訪，到大街上遊玩，到小花身旁一起看著春雨從天而降，嘩啦嘩啦，這悠閒的春天啊！

炎熱的夏季，蟬唱著優美的旋律，鳥兒開始活躍了起來，宛如美麗的少女，在樹叢中揮舞著輕快的羽翼，真令人欣羨；偶爾吹來一陣南風，令人精神百倍。夏天的沙灘，映入眼簾的總是快樂的小孩，他們玩著沙、玩著水，為平時死氣沉沉的潮水注入蓬勃生氣。海浪找到了樂趣，游來游去的熱帶魚，點綴著海洋；珊瑚生活在海中，色彩繽紛，迎接著陽光，這熱鬧的夏天啊！

秋的颱風，造成嚴重的災難，風雨交加，落葉紛飛，一棵棵的大樹，在風雨中倒下；住戶紛紛斷電，伸手不見五指；脾氣不好的秋颱，讓許多人迷失了方向，街道上，人煙稀少，原本繁華的都市，變得空空蕩蕩，多麼淒涼的秋天啊！

凶猛的北風，不曾給過別人溫暖，只是無情地吹著，但在那冰冷的表面下，其實隱藏著一顆脆弱的心靈，他也想和別人做朋友，但家家戶戶都關上門窗，讓他在外遊蕩，令他失去原來的熱情，一年比一年冷漠，他只能到山上尋找他的朋友「梅花」，寒冷的風雨中，他們倆談天說地，等待大樹再次發出嫩枝，春神再次來臨……這孤單的冬天啊！

文章的亮點：豐富的轉化法，讓春夏秋冬擁有不同的情緒，展現人性化的一面。每段末尾都用一句感嘆詞作結束，文章結構呈現規律性的安排，匠心獨具。

可以模仿的佳句：「春風輕輕的走在街道上，它雀躍地跳著」、

「蟬唱著優美的旋律」、「令他失去原來的熱情，一年比一年冷漠」。

我的好朋友

許芷瑄．臺北市博愛國小

我有一位好朋友，她叫張★軒，長得矮矮瘦瘦的，頭髮短短的，看起來很可愛。

她的數學很厲害，每次遇到不懂的問題，我都會請教她，她會熱心的一再教我，非常感謝她。

我們常常一起到操場玩跳繩，一起到操場比賽跑步，一起到操場玩一二三木頭人，在一起度過難忘時光。

我很開心擁有這位好朋友，讓我快快樂樂的去上學，每天充滿了好心情。

文章的亮點：作者只有小學一年級，卻能善用疊句舉例說明和同學的相處細節，難能可貴。

可以模仿的佳句：「一起……，一起……，一起……，在一起度過難忘時光」。

四季

胡詔凱．臺北市民權國中

春天悄悄的來臨了。動物們剛剛甦醒，樹葉換上了新衣，小白菊慢慢地抬起頭來，試試寒、試試暖，漂亮的鳳蝶兒，在花草中穿梭著。這時，陽光造訪了大地，透過樹枝，照亮吵得不可開交的小溪，喚醒寂靜的大湖泊，隨著陽光的照射，萬物都從睡夢中醒了過來。

夏天的午後，太陽熱情的招呼海灘上的人們，小孩子們快樂地用白沙為自己做一座座無人能敵的城堡，大人們則是在海上騎乘水上摩托車，好好的放鬆一下，把煩惱的事都忘掉，消暑又開心。太陽要回家了！夏天的傍晚，森林裡，正在表演一場演唱會，昆蟲、動物都參與了，好讓人們伴著樂聲進入夢鄉。

西風吹來，落葉紛飛，日頭卻還有餘威，就知道秋老大來了！「它」的氣勢，還沒來時，葉子士兵都從戰場上一落而下，鋪就一條全新猶如火在燃燒的步道，精力旺盛的秋，把其他綠蔭將士都嚇得不敢靠近，只好自

在燃燒的步道，精力旺盛的秋，把其他綠蔭將士都嚇得不敢靠近，只好自暴自棄的繳械倒地，映入眼簾的，唯獨楓樹在一旁狂歡著，最後也一病不起的被「冬天」擊倒，停止了吵鬧，等到春神再度的來到。

「酷寒戰士」乘著北風來到了地面，侵襲各戶人家，大家不得不把窗戶關緊，深怕一不小心就讓「戰士」趁虛而入，在家裡做了不速之客，幸好暖氣救兵把寒氣趕走，好讓人們有舒適的環境生活。孤單又不受歡迎的北風，只好把雪花當舞伴，跳著舞，舞出了冬天最美的景象。

文章的亮點：春夏秋冬四季不同的面貌，在作者筆下彷彿有了生命，展現出蓬勃的活力，擬人法運用流暢且生動，處處佳句，聯想力十分精采。

可以模仿的佳句：「陽光造訪了大地，透過樹枝，照亮吵得不可開交的小溪，喚醒寂靜的大湖泊」、「太陽熱情的招呼海灘上的人們」、「葉子士兵都從戰場上一落而下，鋪就一條全新猶如火在燃燒的步道」。

蓬勃的朝氣。

我喜歡春，春天是多麼美好浪漫！這是一個全新的開始，活力十足。我們要把握大好時光，不要把春天浪費了，積極迎向嶄新的人生。

文章的亮點：在第二段中善用古人詩詞來妝點文章，這叫「引用法」。引用完畢後再形容春天景象，進一步加強了引用效果。

可以模仿的佳句：「我喜歡春天美麗的臉」、「春天的美景讓人目不暇給，大地一片生意盎然」、「春天來了，小花開了，小草綠了，大樹換上一身綠衣，公園鋪滿綠油油的地氈」。

觀星

曾瀚弘・新北市永平國小

天上的星星像不斷閃爍的寶石，靜靜的懸掛在銀河中，點綴了宇宙，也帶給世人無限的聯想空間。

我躺在草地上，仰望星空，發現所有的煩惱都被我拋到九霄雲外去了。想那點點繁星中，哪些是人造衛星？哪些是距離地球很遠的星星？哪些是群星組成的星座？有些問題讓人百思不得其解，也讓我深刻體會到宇宙的浩瀚與偉大，那真是一個神祕的世界。

總而言之，每次抬頭看星空，不僅帶給我深刻的感受，還觸發了我的想像，讓我想進一步去探索這神奇的世界，為何它們那麼耀眼？為何它們那麼閃亮？它們真是外太空的謎語，等待人們進一步去解答。雖然已經等了幾億光年，但天際群星還是會有耐心地繼續的等下去，盼望著人類的到來，盼望著人類的解謎。

文章的亮點：這篇文章運用不少的疑問句，接二連三的出現，呼應作者在文內鋪陳的星空之謎，希望能得到解答，用心巧妙。

可以模仿的佳句：「天上的星星像不斷閃爍的寶石，靜靜的懸掛在銀河中」、「宇宙的浩瀚與偉大，那眞是一個神祕的世界」、「爲何它們那麼耀眼？爲何它們那麼閃亮？」。

下雨天真嚇人，讓我大開眼界。大雨在城市不停的降落，街道變成了大游泳池，有些路面都淹大水了，垃圾漂浮在街上，真可怕。我還看到電冰箱、電視載浮載沉呢！

下雨天真無聊，讓我不能出去玩。暴雨越下越大，淅瀝淅瀝，嘩啦嘩啦，我不敢出門，只能待在家裡，什麼都不能做，只好和哥哥大眼瞪小眼——下雨天，我不歡迎你，請快點離開吧！

文章的亮點：一到四段的開頭，都是相同的句型：「下雨天……，讓我……」，這叫「散列式」，適當排列，貼切的掌握住主題。結尾將大雨比擬成不受歡迎的人，有聯想力。

可以模仿的佳句：「街道變成了大游泳池」、「暴雨越下越大，淅瀝淅瀝，嘩啦嘩啦」。

好作品觀摩區 三

童詩篇

四季組曲

馬鈴茜・新北市福和國中

春在哪裡？
在燕子的叫聲裡。
春在哪裡？
在百合的芳香裡。
春在哪裡？
在溫暖的和風裡。
春在哪裡？
在蝴蝶的飛舞裡

夏在哪裡？
在兒童的暑假裡。
夏在哪裡？
在蓮花的清爽裡。

夏在哪裡？
在海邊的沙堡裡。
夏在哪裡？
在人們的汗水裡。

秋在哪裡？
在楓葉的枝枒裡。
秋在哪裡？
在候鳥的翅膀裡。
秋在哪裡？
在哭訴的西風裡。
秋在哪裡？
在滿地的落葉裡。

冬在哪裡？
在盛開的梅花裡。

冬在哪裡？
在寒冷的北風裡。
冬在哪裡？
在白淨的雪花裡。
冬在哪裡？
在短暫的寒假裡。

文章的亮點：這首童詩使用了標點符號，每兩句一個循環，有問有答之間，描寫出季節的特色，問號與句號相連貫，產生音律的節奏感。最後一句「冬在短暫的寒假裡」，富有童趣，令人會心一笑。

可以模仿的佳句：「春在哪裡？在百合的芳香裡」、「夏在哪裡？在蓮花的清爽裡」、「秋在哪裡？在楓葉的枝枒裡」。

幸福的顏色

廖柏鈞．新北市民安國小

幸福是什麼顏色？

哥哥請天空打聽，
天空看著軟綿綿的白雲，
天空說幸福是白色。
幸福是什麼顏色？
哥哥請沙灘打聽，
沙灘看著一望無際的大海，
沙灘說幸福是藍色的。
幸福是什麼顏色？
哥哥請小狗打聽，
小狗啃著香噴噴的肉，
小狗說幸福是肉色的。
哥哥說幸福是看得見的，
原來它無所不在！

文章的亮點：這是一首句型排列整齊，充滿童趣的童詩，從天上的白雲，到地上的小狗，全部都被轉化了，有人的性格，想像力豐富，每句話都充滿了畫面，幸福感滿滿。

可以模仿的佳句：「小狗啃著香噴噴的肉，說幸福是肉色的」、「幸福是看得見的，原來它無所不在！」

辣的聯想

黃柏銓．臺北市大橋國小

上籃球課的時候，
有人偷拿我的水壺，
冒煙的我，
發火的我，
心情像燃燒沸騰開水的我，
彷彿吞了世界上最辣的辣椒，
比火山還要燙，
比地獄還要熱，
我的心嗆得很難過，
真想變成生氣的噴火龍！

文章的亮點：把「憤怒」的情緒跟「辣味」做連結，這冒火的感受，直接有力。

可以模仿的佳句：「心情像燃燒沸騰開水的我」、「彷彿吞了世界上最辣的辣椒」、「比火山還要燙」、「比地獄還要熱」。

酸的聯想

廖柏鈞．新北市民安國小

被冤枉了，
委屈的我，
難過的我，
傷心的我，
酸酸的眼淚流過臉頰，
遮擋住我的陽光，
腐蝕掉我的信心，
讓我彷彿掉進了黑暗的谷底，

苦的聯想

李芸安．臺北市延平國小

媽媽每天比太陽還早起
清晨就當我們的鬧鐘
忙著煮飯
忙著做家事
忙著工作
忙碌的身影
像停不下來的陀螺
像轉動太久的音響
那是辛苦的滋味
那是媽媽的味道

文章的亮點：童詩每段自成一行，格式上不能像文章那樣接續著寫，每句話就是一段，標點可加可不加。這篇童詩沒有任何標點符號，簡明生動，描繪出母親的辛苦。

可以模仿的佳句：「媽媽每天比太陽還早起」、「清晨就當我們的鬧鐘」、「像停不下來的陀螺」、「像轉動太久的音響」。

我家是動物園

柯宛彤·新北市永和國小

我就像一隻貓頭鷹，
喜歡在晚上活動，
看書是我的最愛，
不管是什麼樣的書，
我通通都愛看，
讓我成為家裡最有學問的人。
爸爸像一隻大獅子，
頭髮總是亂蓬蓬，
每天晚上下班時，
他脾氣都有一點不太好，

生氣時像獅子吼叫，
讓我怕得要命。
媽媽像隻狐狸，
最喜歡打扮自己，
每次出門前，
總不忘幫我們和自己打扮得漂漂亮亮，
好像只要轉個身，
各種千變萬化的造型就出來了。
我的妹妹像一隻小貓咪，
不生氣的時候很可愛又乖巧，
但只要讓她生氣了，
可就千萬要小心她的貓爪功，
被抓到疼得要命，
每次陪她玩時我都小心翼翼。

文章的亮點：童詩講求童趣，將自己的家人因性格的不同，和各種各樣的動物做連結，充滿了趣味性。

可以模仿的佳句：「我就像一隻貓頭鷹，喜歡在晚上活動」、「爸爸像一隻大獅子，頭髮總是亂蓬蓬」、「媽媽像隻狐狸，最喜歡打扮自己」。

月亮

陳又伃．臺北市博愛國小

月亮彎彎的，
就像香蕉在天上默默垂掛，
又像一條好看的地瓜。
月亮圓圓的，
就像一顆晶瑩剔透的水晶，
又像一個亮晶晶的盤子。
每天晚上，
她躡手躡腳的跟隨我，
充滿微笑的看著我，

好作品觀摩區 四

其他篇

頓時，我對歇後語產生濃厚的興趣，回家後，我開始閱讀歇後語，對它的了解也就增加了。

隔天，全校最聰明的兩人又開始吵架了。

同學乙說：「你考了一個八十分，真是『狗熊鑽煙囪』，太難過了吧？」

同學甲暴跳如雷：「閉嘴！你全家都是『唐三藏的徒弟』啦！」

同學乙氣得直說：「你罵我全家是畜生，你全家才都是畜生咧！」

上課鐘聲響起，兩人終於分開，一旁的我大開眼界，了解到用歇後語吵架，竟也能吵得如此激烈啊！

文章的亮點：這是一篇特別的文章，全文用不同的「歇後語」作串聯，不僅有戲劇效果，也解釋了何謂歇後語。

可以模仿的佳句：「門縫裡看人，把我給看扁了」、「打開天窗說亮話」、「落水狗上岸，抖起來了」。

疫情對生活的影響

鄭宇和．新北市私立竹林中學

今年一月底，朔風獵獵，適逢除夕，是跟家人吃大餐、打牙祭的好時光。但是，在人們吃得正高興時，手機傳來如催命鐘一樣恐怖的叫聲：「叮！叮！」人們點了通知，發現的是「今天新增二十七例境外移入……」看了便讓人跌破眼鏡，怎麼會新增這麼多新型冠狀病毒的案例呢？

這場疫情從中國武漢市爆發，至今擴散至全球，美國已破一千萬人確診，但他們仍抱持鴕鳥心態，無視疫情，繼續進行選舉造勢，絲毫不怕被其他國家列為拒絕往來戶。臺灣人則重視疫情，每個人都成了零零七情報員，告訴大家今日有無新增病例及面對新冠肺炎的防疫措施。在街上，每個人搭乘十一路公車壓馬路時，都緊緊戴著口罩，連他人「放毒氣彈」時都緊緊注意，深怕感染新冠肺炎。

新冠肺炎讓公司倒閉，許多人成了無頭蒼蠅，漫無目的的找工作。而在醫院裡，辛苦的白衣天使冒著罹病的風險，憑著助人的崇高信念，到患者的病房探視，辛苦寂寞仍全力以赴，讓人佩服不已。已經發下紅色炸彈的男女朋友，因為飯店倒閉而無法步上紅毯的另一端，疫情對生活的影響還真大呢！

疫情帶來恐慌，也帶來生活上的不便，更讓人的心情起起伏伏，可說是「晴時多雲偶陣雨」，令人難以捉摸。「正向防疫，人人有責」，政府應該視疫情發展，擬定相關的防疫措施，民眾也要配合，雙方共體時艱，才能阻止新冠肺炎傳播。

文章的亮點：這是一篇特別的文章，結合了人人聞之色變的新冠疫情，將借代詞「鑲嵌」進新聞時事裡，既流暢又通順。借代詞多達十五個，找找看，你能找得到幾個呢？

可以模仿的佳句：「手機傳來如催命鐘一樣恐怖的叫聲」、「許多人成了無頭蒼蠅，漫無目的」、「讓人的心情起起伏伏，可說是『晴時多雲偶陣雨』，令人難以捉摸」。

九　歌　小　教　室　　09

作文變很大

國家圖書館出版品預行編目（CIP）資料
作文變很大 / 張惠如著 . -- 初版 .
-- 臺北市 : 九歌出版社有限公司 , 2021.08
面； 公分 . -- (九歌小教室 ; 9)
ISBN 978-986-450-359-9(平裝)
1. 漢語教學　2. 作文　3. 寫作法　4. 初等教育
523.313　　110011046

著　　者──張惠如
責任編輯──鍾欣純
創 辦 人──蔡文甫
發 行 人──蔡澤玉
出　　版──九歌出版社有限公司
臺北市 105 八德路 3 段 12 巷 57 弄 40 號
電話／02-25776564・傳真／02-25789205
郵政劃撥／0112295-1

九歌文學網　www.chiuko.com.tw

印　　刷──晨捷印製股份有限公司
法律顧問──龍躍天律師 ・ 蕭雄淋律師 ・ 董安丹律師
初　　版──2021 年 8 月
定　　價──320 元
書　　號──0176409
I S B N──978-986-450-359-9